天下文化
BELIEVE IN READING

財務自由的人生

跟著首席分析師楊應超學華爾街的
投資技巧和工作效率，
40歲就過 FIRE 的優質生活

楊應超 著

"Life moves pretty fast. If you don't stop and look around once in a while, you could miss it."

- Ferris Bueller's Day Off

To my son Anthony, daughter Valerie,

and those who believe - when the student is ready,

the teacher will appear.

此書獻給我的兒子 Anthony、女兒 Valerie，及各位讀者，

希望你們都可以盡快準備好，

因為只有等學生準備好了，老師才會出現。

"When the student is ready, the teacher will appear." - The Buddha

"I am your father." - Darth Vader, Star Wars:

Episode V, The Empire Strikes Back

目錄　Contents

Part 1
—————
第一部

達成 FIRE 的高效理財法：
多賺一點錢，早日不再為錢煩惱

| 第 1 章 |

為什麼要儘早達到 FIRE ？
別窮忙一輩子，你活著不是為了工作

| 第5章 |

當打工皇帝，在職場成功：
光靠省錢很難達到財務自由

Part 2
第二部

達成 FIRE 一定要有的能力和習慣：
練好基本功，財富就會靠向你

| 第6章 |

沒有行動，一切都是白說：
設定高目標，即使不到月球，也會飛到星星附近

Part 3
第三部

FIRE 最終的目的是建立健康快樂、
有目的的人生：身心健康，才是真自由

外資分析師的人生分析報告

前行政院長、新世代金融基金會董事長　陳冲

　　早先有一陣子，應邀為新人證婚時，我常引用賈伯斯 2005 年在史丹佛大學畢業典禮上的名言 "Stay hungry, stay foolish."，期勉新人在事業上要常保旺盛的企圖心（stay hungry），在家庭內要適當裝傻（stay foolish），如此內外兼顧，才能維持幸福婚姻。這與同樣面臨人生新階段的畢業生相同，要保持企圖心，而且胸懷一股傻勁，不自我設限，兩者在哲理上是相輔相通的。

　　應超在本書第二部裡，談到人生的基本功時，也引用了賈伯斯這句話予以佐證。在此特別率先點出此一特質，因為這是人生的基本態度，捨本竟而逐末，縱然擁有再強的

financial independence（財務自由）也是枉然。

本書以 FIRE（Financial Independence Retire Early）為中心，強調財務自主後，可提早退休。美則美矣，但 FIRE 並不是人人可達的境界，作者在此傳授之祕笈，仍需相當資質方能體會，孔子嘗謂：「中人以上，可以語上也。」有緣購閱本書，自屬中人以上資質，想要領會個中三昧，應該不是問題。

但 financial independence（白話文就是「賺夠了」）是否就是人生唯一的目的？當然不是！就好像 "Stay hungry, stay foolish." 並不是婚姻的目的，而是維持幸福婚姻的手段。財務能夠自主，才能好整以暇退休。同理，退休也不應是目的，而是可以自由控制時間，做自己想做的事。

例如，我有一位友人，年輕時一直沉迷於英文電影劇本用字的流暢與典雅，四十五歲自認財務自主後，就來個 retire early，買了一百多部電影及其劇本，反覆研讀模仿，甚至還到世界各地拍片現場實地感受，二十年來樂此不疲，這如沒有 FIRE，就不可能做到。當然每個人的價值觀不同，喜歡做的事也不同。例如，最近有人可能因年輕時鎮日逐臭（銅臭）未能報效國家，深以為憾，關鍵時刻乃毅然放下跨國事業，投身大選，這也算是一種 FIRE 的表現。

應超是外資首席分析師出身，擁有人人稱羨的資歷與頭銜，財務已然獨立自主，卻又急流勇退，以本書分享經驗，毫不藏私。在序文中，他已將其用心表達無遺：「雖然這本書是要教你如何賺錢、如何存錢投資、如何財務自由，最後如何退休享受生活。但是錢多不應是你的最終目的，錢只是個工具。而如何每天健康快樂，有能力並可無拘無束的享受每一天，如果有能力再幫助一些人，讓你一生沒白活，世界因你而更美好，才是你真正的目標。」

　　當然別人的經驗，可以參考，不一定能複製，更何況每個人的價值觀亦不相同。誠如作者經常強調的，享受自由自在、健康又快樂的生活，才是人生終極的目標。

在你年輕，精力最好時，
天天去做自己想做的事

　　你可能有聽人說過，錢不能帶來快樂。但是請想想，你有聽過沒錢的人講過這句話嗎？

　　「有錢真好！」這句話聽來真的很俗氣。金錢不是萬能，但是沒錢卻萬萬不能。在其他全部因素相同之下，有錢會比沒錢可以解決更多事情。

　　在這本書裡，你可能不會讀到很多冠冕堂皇好聽的話，但是會學到很直接、有用，甚至聽起來有一點痛苦、卻實際的法則。這也是我們在外資投資銀行裡的多年訓練，講究直球對決、拚效率、比成績，而不會浪費時間講些你喜歡聽、卻無用的場面話，以此媚俗，甚至討好群眾。所以你要有心

理準備，看你是想聽漂亮的話，還是有用的話。事實通常是殘酷而無情的，像良藥苦口一樣，糖衣毒藥不會幫助你。

但是我也要強調，賺大錢的目的不是要你當一個吝嗇的富翁，在家裡天天數鈔票，而是讓你有更多的能力，先讓自己和家人過上好生活，進而去幫一些你想幫助的人，因為世上苦人多。

我 1989 年大學畢業，1991 年碩士畢業，不久進入博士班，念的都是電機工程系，後來我又繼續攻讀 MBA，然後 1996 年 MBA 畢業。我一共做過 15 份工作，一直到 2016 年正式從巴克萊銀行的全職工作退休為止，一路走來我不斷奮鬥打拚，從來沒有、也不敢停過。可能是因為國中就離鄉背井移民美國，父親在我大二就過世了，家裡又沒什麼背景，所以我一直有種危機意識，從國中開始就在家裡的餐館打工存錢，除了上學，每週平均上班 20 個小時，沒什麼機會參加高中週末舉辦的橄欖球賽或 Party 這類娛樂活動，在餐廳裡，從擦桌、端盤子、廚房洗碗、做菜，到櫃檯收錢、帶位、接外賣，幾乎樣樣都來。因為知道父母很辛苦，放棄台灣的一切，為的就是讓小孩在美國有更多的機會，所以我特別珍惜，不僅一邊上學，一邊打工，也一邊上班，一邊念碩士、博士，無非就是想一路拚下去，也因此常常一個人當兩

個人用。

在美國好不容易建立好舒適圈（那時候在芝加哥已經有車、有房，也有好工作），在 1996 年我又放棄一切，搬到人生地不熟的香港（當時香港還在 1997 年回歸大陸前，很多人選擇搬離香港），也還是為了有更好的工作機會，繼續冒險打拚下去。1996 年之後的 20 年當中，我的全球飛行里程數突破了 250 萬英里（這個里程數可以繞地球一百圈，或從地球到月球來回 5 次），在大陸也很辛苦的住了 2 年（跟出差不一樣），北京、南京各待一年。除了大陸，因為各地出差跑透透，全球飯店也住超過了上千個晚上（也就是說我這 20 年裡，有 3 年多都是在飯店裡渡過），全是為了工作，只要有好機會就往前衝，一直往上爬，盡量多存點錢，犧牲和家庭小孩相處的時間，就是因為我知道一切全都要靠自己，必須破釜沉舟，因為沒什麼安全網。

其實很幸運，巴克萊銀行在 2016 年撤出亞洲，讓我終於可以停下來看一看，發現錢如果不亂花，應該也存夠了，於是就決定讓自己在 48 歲先提早從全職投資銀行退休（其實我在 40 歲主動離開花旗時就應該已經財務自由了，但是那時覺得還年輕，所以又找了下一個財務長的職務挑戰），不用為五斗米折腰，好好規劃人生下半場的生活，多花一些

時間跟家人朋友相處，也可以讓自己多注重健康一點。在這3年時間裡（2016到2019年）雖然沒全職上班，但有幸能擔任我的長輩 CK Yang 和好朋友 Sean 公司的首席顧問，也讓自己有機會整理這30多年來在學校和職場所累積的經驗，在這本書裡與大家分享。

很謝謝這一路幫助過我的貴人。但是老實說，幫我的人真的不算多（所以才特別感激他們，像我 EDS 的大老闆 Ed Yang），大部分還是靠自己，所以走了很多冤枉路，也被欺負過，犯了很多沒有必要的錯誤。這一路走來跌跌撞撞，工作被炒了好幾次魷魚，也還好最後運氣好，走投無路下碰到了很適合自己的投資銀行分析師的工作。

上大學之後，我看了或聽了超過上百本的英文勵志書，也上了很多自我激勵的課程，基本上是靠自修和反覆試錯（Trial and Error）這樣一路走過來。所以本書的第二部除了是寫給現在的年輕人之外，其實也是寫給我自己的兒女，希望他們少走點冤枉路、少受點苦、少犯些錯，能學到老爸之前痛苦而寶貴的經驗，把我學到的知識傳承下去，至少可以讓他們有個參考，自己決定要不要用。因為這些都是幫助你賺大錢的基本功夫，就像不管你的跑車有多好，要加滿了油，才能跑的快。如果學到了一些基本的成功法則，賺錢其

實很容易，讓第一部裡討論的財務自由可以事半功倍。

而書中的第一部就是我這 3 年退休後研究的成果，我用之前當分析師的精神，研究美國現在很流行的話題：FIRE（Financial Independence Retire Early），也就是財務自由（或財務獨立）、提早退休的意思。因為我決定在 50 歲前退休，除了要確定自己的錢夠花，考慮小孩的教育費用，還要計劃自己以後可能需要的醫療費用，所以找到了一個很可靠的計算方法，不是像媒體上常看到的，隨便丟出一個數字了事。書中的第一部跟讀者分享我這 15 年來在投資銀行學到的投資理財技巧，讓大家可以很快、很安全的存到退休需要的第一桶金，不需為五斗米折腰，早一點獲得自由，可以每天為自己而活，做自己喜歡的事情。存錢就是要多賺和少花，但是我寧願教大家如何多賺點錢，當然不是亂花錢，但是也不用省過頭，可以過著比較富裕而舒服的生活。

因為你活著不是為了天天上班，所以可以早點財務自由很重要。錢夠花就好，因為花到的叫資產，花不掉的叫遺產。傳統觀念教我們辛苦努力一輩子到 65 歲光榮退休，但是如果你運氣不好，還沒退休或退休沒幾年，就生重病或甚至掛了（你應該知道或認識和你年紀差不多的人，已經不幸往生或生重病的），或退休年紀大了，哪裡都跑不動，那不

是很可惜嗎？因此，為什麼不想辦法盡快財務自由，過自己想要的生活呢？

　　書的第三部則是我現在退休後正在進行的事，也就是計劃如何過人生下半場的進行式。我知道大部分的讀者可能對如何賺大錢比較有興趣，而的確也是應該先做到，所以這本書的大部分也是在討論如何賺大錢。但是財務自由後，應該要想想如何可以有健康的身體（也不要在賺大錢的過程中把身體搞壞）、快樂的心情，不是退休後什麼都不做，而是去做自己喜歡的事。其實仔細想想，每個人一輩子辛苦的上班、賺錢、養家，最後要追求的不就是快樂的生活（這包括做一些對自己有意義的目標和事情），而且有健康的身體來過快樂的生活，也就是美國人常講的 Health & Happiness（健康幸福）。如果還可以幫助別人或後代，留一點資源或傳承知識給下一代，讓一代比一代過的更好，才不枉此生，可以瀟灑走一回。

　　所以這本書的主要目的，是希望大家可以從我個人的經歷中，學習對你最有幫助的成功做事習慣（因為每一個人都不一樣，所以你要選擇對你最有幫助的習慣），讓自己可以在最短的時間內賺最多的錢，盡早達到財務自由，在你還年輕而最有精力的時候，不被工作綁住，天天去做自己想做的

事，享受自由自在又健康的快樂生活，這個終極目標聽起來應該還不錯吧。我的方法絕對不是唯一的方法，但是是個已經成功的案例，可以讓你參考，希望你也可以早點達到FIRE。

最後要特別感謝郭台銘董事長和前行政院長陳冲的具名推薦和撰文寫序。我從 2000 年發表高盛有史以來第一本的鴻海研究報告後，就一直研究郭董如何白手起家到成為台灣首富的過程和經驗。而這幾年很有幸認識陳冲院長，在交往的過程中學習到了院長的金融專業和許多為人處世之道。這兩位先進為國家服務的精神和使命感更一直是我很尊敬及學習的對象，也成為我在 FIRE 之後追求的人生目標之一。

楊應超

2019 年 10 月於美國

第一部

達成 FIRE 的高效理財法：
多賺一點錢，早日不再為錢煩惱
How to make and manage money to

reach FIRE and to be truly free

"Don't worry, be happy." - Bobby McFerrin

第 1 章

為什麼要儘早達到 FIRE ？

別窮忙一輩子，你活著不是為了工作

Why FIRE: You work to live, not live to work

我的未來不是夢——張雨生、知己二重唱

♪ "I want to break free." - Queen ♪

1. 什麼是 FIRE？

你如果已經有足夠的錢，每天不用上班，可以睡到自然醒，想做什麼就做什麼，想買什麼就買什麼，想飛去哪裡就飛去哪裡，你覺得如何？在這裡可以跟大家報告，我三年前就開始過這樣的生活了。

我寫這本書的主要目的，就是希望幫你早日達成這個人生境界，讓你早一點財務自由，進而擁有人生自由。

大家可能知道我在外商投資銀行當了 15 年的分析師（包括高盛、瑞士信貸、花旗和巴克萊等），也在上市公司當過財務長，也做過管理顧問、行銷總監，及工程師等工作。2016 年巴克萊銀行退出亞洲後，除了當顧問之外，我開始研究美國很流行的一個議題，叫 FIRE，中文可以翻譯為財務獨立或財務自由，提早退休。雖然當時我才 48 歲，也還是有很多投資銀行找我去上班（包括今年我還是陸續接到很多邀約電話），但我仍決定提早從投資銀行退休。本來以為好像太早退休了（我 40 歲離開花旗時就已經達到 FIRE 了，但是還是一直全職上班到 2016 年），但是後來才發現，在美國有很多人才 30 歲出頭，就已經達到 FIRE 的目標了。

退休這個議題可能有些枯燥，也好像離我們很遙遠，因

為我們還沒那麼老，但是財務自由很重要。談錢可能有一點俗氣，但是老婆常提醒我，「錢不是萬能，但沒有錢卻是萬萬不能」。我們賺錢不是為了拿一些已經往生的偉人照片紙張，也不是想看銀行的存摺多了幾個零，而是金錢背後代表的意義，像安全感、生活無虞、幫助家人朋友、全球旅行、享受好的醫療資源，這些對每一個人的意義都不一樣，或像巴菲特和比爾‧蓋茲一樣，投入慈善事業。記得鴻海集團創辦人郭台銘曾經說過，他的人生規劃大概分 3 個階段：25 歲到 45 歲（第一個 20 年）是為了金錢而工作；45 歲到 65 歲（第二個 20 年）是為了興趣而工作；65 歲以後（第三個 20 年）希望能為理想而工作。但是如果沒有財務自由，也就沒有興趣和理想這兩個階段了。

大部分的人可能從小被父母或老師朋友影響，認為從學校畢業後就應該一直上班到 65 歲退休，然後靠一些存款或退休金過活，安享餘生。但問題是，退休金愈來愈少，我們也愈活愈久。看到台灣軍公教的年金被砍，美國企業多年前也早就取消退休金制度（像我以前服務的 IBM，因為財務負擔太大），變成只幫員工存一些小錢，退休後就各安天命了，因此這個舊式的觀念可能不一定對了。我在 1993 年親眼看到 IBM 這個當時我們努力擠破頭想進去、俗稱鐵飯碗

的公司（有一點像之前的台灣公務員）取消退休制度，並且進行有史以來第一次的大裁員，才驚覺退休只能靠自己，不能靠公司或政府，要不然下場還滿慘的，像當時我一些5、60歲的同事，已經很難再找到下一份同樣薪水的工作。還好那時候我還年輕，才26歲，這也是當時給我動力去念MBA和找高薪工作的原因之一，拚命上班存錢，就是怕自己以後沒錢退休，因為親眼目睹IBM同事的下場，警覺很可能是未來的自己，也才領悟人生，發現不冒險才是最大的冒險，有如溫水煮青蛙，以後老了想冒險也沒機會或本錢了。

當然大家不一定需要像我這麼極端，做這麼大的改變（但是考慮一下也不是壞事），所以在這本書中，我會跟各位分享我在這15年學到的財務投資概念，希望幫助大家可以早一點財務獨立，因為我已經達成了，知道這並沒有很難。

2. 為什麼要 FIRE ？ 有錢不是萬能，但是沒錢就萬萬不能

你會為錢煩惱嗎？我覺得大部分的人，包括郭台銘都會。為什麼呢？因為美國有一句話 "Money makes the world go around.", 跟中文的「錢不是萬能，但是沒錢就萬萬不能」，或是「一文錢逼死英雄漢」的意思很像。在現在這個世界，做什麼都需要錢，這我不講大家也知道。雖然郭台銘是台灣首富，但是他每天要想如何付出百萬員工的薪水、幾億台幣的工廠製造原料、科技零件、存貨、周轉現金（Working Capital）等等，他被錢煩惱的程度可能比我們想像的還多。但是郭台銘跟你不一樣的地方是，他的錢夠多，很多煩惱是可以用錢解決的，但是你可以嗎？

　錢對你的意義是什麼呢？可能是自由，因為如果存到足夠的錢，可以每天沒有鬧鐘，睡到自然醒，不需要早起上班，跟大家擠公車、捷運，或路上塞車；或是時間可以不被老闆霸占，更不用為五斗米折腰、受老闆、同事、客戶的氣、玩辦公室政治，過著「後宮甄嬛傳」的生活；也可能是可以花更多時間陪家人朋友，享受天倫之樂；又可能是花錢可以不用省來省去，買東西不用先看價錢或等特價，喜歡就好；又可能是不怕萬一工作被炒魷魚會露宿街頭；又可能是為了健康，可以花錢買有機蔬菜，有時間在家烹調健康餐點，不用外食或吃泡麵，也有時間和金錢可以去健身房、請營養師和運動教練維持健康；又可能是萬一生病可以找最好的醫生、用最好的藥、住最好的單人病房，或是在沒生病前

開始調身體，做一些預防醫學的事情；又可能是給小孩更好的未來，讓他們從小上國際學校，學多種語言，上最好的大學、受最好的教育，不被學費限制，培養他們的競爭力，在社會上出頭；又可能是給自己或父母更好的養老環境，不管是到照護中心，或是請傭人照顧日常生活；又可能是可以環遊世界，看看世界各地的美景，甚至可以坐頭等艙或私人飛機，享受各地的米其林美食，吃自己喜歡而不受價錢限制的料理。這個願望清單可以一直列下去，而且列不完，因為有錢（而不是浪費錢），可以做的有意義事情真是太多了。

　　人性通常是自私的，所謂「人不為己，天誅地滅」，但是這也不是問題，就像在飛機上的安全廣播一樣，如果出事，要先幫自己戴上氧氣罩，才去幫助別人。現實生活也是，先把自己的一切搞定後，才可以有足夠的能力幫助別人，像是設立獎學金、捐款給公益團體，或是像諾貝爾先生設立永久的獎金基金會，也可以像全球的首富巴菲特或比爾・蓋茲，已經決定把自己大部分的資產捐出。甚至是從政參加公眾的事務，像川普或郭台銘一樣，讓國家社會更好，有足夠的錢真的可以做太多事情了。

　　我的經驗是，做事通常來自兩種動力，一個是為了正面理由（像追求快樂、進步、賺錢等），另外一個是負面理由

（像避免痛苦、退步、賠錢等）。雖然我喜歡正面思考，但事實上，負面理由會比正面理由對多數人更具激勵效果。試想，你會想辦法多賺一千萬，還是不讓別人來搶你的一千萬，哪一個會對你產生更大的行動力？

　　所以如果之前的正面理由不足以激勵你，就讓我們想一下負面的情況吧。如果你錢不夠，不是吃不到美食，而是根本每天吃不飽，你感覺如何？你自己就算了，如果是讓家人餓肚子，小孩營養不良，你又做何感想？沒錢吃新鮮健康的食物，天天吃垃圾食物或便當，這樣對健康好嗎？萬一生病，當然台灣現在有健保，但是如果沒錢看最好的醫生，不能用健保沒給付的藥品或療程，又或是萬一哪天健保倒了，該怎麼辦？或是如果孩子表現優秀，卻沒錢讓他們上最好的大學、受最好的教育，不是很可惜嗎？孩子如果被迫一邊打工賺學費，一邊上學，沒時間念書，功課又會好嗎？或是存款不夠，每月當月光族，必須每天忍受老闆折磨，不敢辭職、換工作，天天害怕被炒魷魚，要露宿街頭，或是擔心買不起房子，沒錢繳房租被趕出去？就算有繳房租也可能被房東收回房子。如果現在不早點計劃，採取行動，老了成為窮苦老人，而那時也沒有能力再賺錢了，不是會很痛苦嗎？一輩子只是為了餬口，被迫上班到人生的盡頭，這樣的人生有

意義嗎？

　　當然，每一個人的想法不一定一樣，人各有志，但是如果你會看這本書，就應該和我一樣，想找方法存到足夠的錢，提早退休，不只是過基本的生活，而想追求心中理想的目標，不讓這一生白活一場。所以接下來我會開始分享一些到達財務自由的方法，希望你也可以早日達到 FIRE ！

3. 什麼是 FU Money ？
自由無價，時間比金錢重要

　　我看過一部美國電影，叫「玩命賭徒」（The Gambler），是 2014 年上映的，由美國知名演員馬克・華柏格（Mark Wahlberg）和約翰・古德曼（John Goodman）主演。兩人在片尾最後講到 FU Money 這件事（這個 FU 不是我們聊天常說的「很有 FU」，而是英文的國罵 Fxck You 的意思），所以想跟各位讀者分享一下（YOUTUBE 可以看到這個片段 https://www.youtube.com/watch?v=xdfeXqHFmPI）。

　　FU Money 這個名詞聽起來可能有些不太文雅，但是在美國很流行，因為一針見血，完全講到重點，也就是我們之前討論的 FIRE，財務自由的意思。因為當你達到了財務自

由，就像電影裡講的，如果有老闆或任何人想要你做不想做的事，你就可以用 FU 回覆，完全沒有勉強的必要，因為你已經不需要看任何人的臉色了。

因為我的花費不是很高，兒女的大學教育費也準備好了，所以我在 40 歲就幸運地存到了 FU Money，於是就決定第一次從投資銀行退休了（第二次退休是 48 歲）。認識江岷欽教授時，他就送了我這個 8 字藏頭詩：「應為當為，超然自得」，清楚寫出我有 FU Money 和 FIRE 後的心境，可能是看出當時的我吧，很瀟灑，想做什麼，就做什麼。不敢說我現在完全無憂無慮，但是非常自由自在，也了解為什麼有人說自由是無價的。

雖然這本書是要教你如何賺錢、如何存錢投資、如何財務自由，最後如何享受退休生活。但是，錢多不是你的最終目的，錢只是個工具。如何每天健康快樂，能無拘無束的享受每一天，如果再有能力幫助一些人，讓你一生沒白活，世界也因你而更好了一點，才是你真正的目標。試想，如果有個 95 歲的億萬富翁要跟你互換位子，你會願意嗎？畢竟時間是錢買不到的，而我們想盡快存夠錢，就是為了可以好好花自己的時間，而不是拿我們寶貴而無價的時間跟老闆換錢，這樣真是太浪費人生了。

存錢有兩種辦法，不是多賺，就是少花。在這本書裡我比較注重多賺，因為過於節省的生活太痛苦，也沒有必要。我其實不是建議少花，而是 Optimize（優化），也就是錢花在刀口上，一塊錢當兩塊錢花。例如，我不會拒絕買名牌，但會盡量等特價或去 Outlet 買，用更少的錢擁有一樣的東西，這跟吝嗇、不花錢完全不一樣（像我看到好的餐廳服務會大方給小費，但是如果服務太爛可能連 10% 都不給），經過一些計劃優化金錢的使用，也就是花必要而值得的錢（像兒女的學費，多少錢都會花）。其實不只是花錢，我做事的態度也是如此，一箭多鵰，同時平行一起做好幾件事情，盡量簡化事情，卻達到一樣的效果，讓自己的效能最大化，關於這點會在本書的第二部詳細討論。

　　你準備好了嗎？現在就讓我們開始計劃行動，一起在FIRE 的成功山頂見面！

第 2 章

如何達到 FIRE ？

想達到財務自由到底需要多少錢？

How to achieve FIRE: How much money do you really need?

♪ "I'm on fire." - Bruce Springsteen ♪

1. 你的自由數字是多少？要存多少錢才夠？

　　如果我們決定提早退休，到底應該要存多少錢才夠？很多人會擔心如果退休不賺錢之後，萬一錢花完了該怎麼辦？在媒體上常看到一些奇怪的數字，多數人只是憑感覺就隨便給個數字，但是我認為要細算才安全，畢竟我是分析師出身。我在 2016 年巴克萊銀行結束亞洲業務後就想退休，但當時也怕萬一不上班了，手上的錢是否夠花一輩子？所以用當分析師的精神，在退休的 3 年中仔細研究了一番，在本章中跟大家分享。基本上，財務自由的定義是，你的「被動非工資收入」，也就是不用靠上班賺的錢，如投資回報、股票股利、債券利息、房租收入等這些每天坐在家裡就自動產生的收入，可以跟你的花費一樣時，你就達到財務自由，不用再上班，可以退休了。

　　在這裡有幾個算法介紹給大家，第一個就是看你的存款率。假設大部分的人平均 25 歲開始上班、65 歲退休，在這賺錢的 40 年裡，一個簡單的粗算法，就是如果前 20 年可以存 50%（表示你的全部花費預算，包括一般的投資、所得稅和退休存款，只需要 50%），那後 20 年就不用上班了，因為

有前 20 年沒用到的 50%，可以在後 20 年來用。而且前 20 年存的錢，如果有適當的投資，一定比後 20 年多（甚至如果你的工作有加薪），因為安全的年平均回報可以達到 7%。一個簡單的例子，假設你的平均年薪是台幣 100 萬元，如果前 20 年每年只花 50 萬元，那存下來的錢，也可以讓你後 20 年不上班每年花 50 萬元。

美國的財務自由大師錢鬍子先生（Mr. Money Mustache），就細算了一個表，他假設，你每年存的錢拿去投資，可以每年獲得通貨膨脹後 5% 的投資報酬率（這其實是個很保守而容易達到的長期平均），然後如果全部投資總額的 4% 可以滿足你每年的預算花費（以下會解釋 4% 法則），那你就可以退休了。這是個很容易在 Excel 算出的數學問題，你會發現，如果薪水存 10% 要 51 年才能退休，存 20% 要 37 年，存 30% 要 28 年，存 40% 要 22 年，存 50% 要 17 年，而如果能存 60%，大約 12.5 年就可以退休了（請參考表 1）。因為早年存下來的錢可以投資，然後錢滾錢，愈早存錢愈好，時間是站在你那一邊的。

一個更精準的算法是美國的 Trinity Study，也就是所謂的 4% 法則。簡單說，如果你全部投資存款的 4% 可以維持你一年的開銷，那你就有資格退休了。因為如果把全部投資

存錢率 Saving Rates	工作幾年後退休 Working Years Till Retirement
5%	66
10%	51
15%	43
20%	37
25%	32
30%	28
35%	25
40%	22
45%	19
50%	17
55%	14.5
60%	12.5
65%	10.5
70%	8.5
75%	7
80%	5.5
85%	4
90%	Below 3
95%	Below 2
100%	0

表 1　Source: Mr. Money Mustache

的 50% 到 70% 放在股市，其他的放進債市，這樣長期平均年回報率可以達到通貨膨脹前的 7% 左右（錢鬍子先生的假設是通貨膨脹後 5%，所以很相似），然後拿出 4% 做為全年開支，另外 3% 應對通貨膨脹繼續增加資產，這樣你一年花 4% 應該可以花一輩子，而且每年的花費還可以按通貨膨脹的比率往上調，以維持不變的生活品質。後來美國一位財務專家韋斯・莫斯（Wes Moss），拿 1929 年到 2010 年實際股市及債市的數字來驗證，結果發現在這 82 個退休年份裡（假設每一年的一月一日都有一個人退休），有 58 個人（全部人的 70%）的錢可以花超過 50 年，而其他的 24 個人（全部人的 30%），雖然錢會花完，但是最倒楣的那個人，錢還是可以撐個 29 年。如果真的怕錢可能會花完，可以多存一點，每年只花 3.0% 到 3.5%，就保證一定沒問題，一路花到掛。以下有個從 1946 年到 2009 年美國市場的投資回報表（如表 2），可以給大家參考。

其實很多人達到 FIRE 後，雖然提早退休，但是還是會找些事情做，只是不同的是，不像過去上班時得做老闆要的事，現在可以只要做自己喜歡的事。例如，我自己喜歡寫書、寫專欄、當顧問，或是偶爾上媒體拿個通告費。而有些人的興趣是烹飪、寫部落格，或是種菜，這樣還是會有一些

	平均回報率 Avg Return	標準差 Standard Deviation	通膨後的 平均回報率 Avg Return After Inflation
100% Stocks（股票）	10.7%	17.7%	6.7%
100% Bonds（債券）	5.6%	10.7%	1.7%
100% Cash（現金）	4.5%	4.5%	0.6%
US Inflation（通膨）	3.9%	4.0%	0.0%
90-10-0（S-B-C）	10.1%	11.3%	6.2%
80-10-10（S-B-C）	9.7%	10.7%	5.8%
70-20-10（S-B-C）	9.3%	10.0%	5.4%
60-30-10（S-B-C）	8.8%	9.4%	4.9%
50-40-10（S-B-C）	8.4%	8.8%	4.4%
40-50-10（S-B-C）	7.8%	8.2%	3.9%
30-60-10（S-B-C）	7.3%	7.6%	3.4%
20-70-10（S-B-C）	6.8%	7.1%	2.8%
10-80-10（S-B-C）	6.2%	6.5%	2.3%
0-90-10（S-B-C）	5.6%	6.0%	1.6%

表 2　Asset Allocation - Risk and Rewards Annual Return（1946-2009）
　　　Source: Ibbotson

小收入，多少可以貼補退休後的花費。畢竟在還年輕時退休不太可能什麼事情都不做，某些興趣還是可以帶來收入，不無小補。有些人退休後的興趣，像寫部落格的收入甚至比以前上班還多，也是時有所聞。

如果把 1 除以 4%，就知道全部要存多少了，也就是每年花費的 25 倍。所以假設你每月開銷 5 萬元，每年就要花 60 萬元，60 乘以 25，也就是存一千五百萬元就夠了。假設通貨膨脹是 3%，第二年每月的花費還可以增加到 51,500 元（50,000 x 1.03），第三年之後以此類推。假設你現在每月稅後薪水 10 萬元，每月開銷 5 萬元能搞定，每月能存 5 萬元，把存款放在股市的 ETF、指數基金，如果用長期每年可以有平均 6.5% 的回報，這樣只要 15 年就可以存到你需要的一千五百萬元退休金了（錢鬍子先生把通貨膨脹的因素考慮進去，所以要 17 年才可以退休）。也就是說，如果你 30 歲開始這樣理財，45 到 47 歲就可以退休了。

在這裡我要建議大家養成做預算和記帳的習慣。只要看看政府及公司每年都要做預算，就知道預算的重要性。我個人從大學到現在就一直有記帳的習慣，花的每一筆錢都會記錄下來，雖然可能會花一點時間，但是這是控制花錢一個很好的方法，錢不會莫名其妙的不見，而且每月可以對帳，因

為我發現信用卡常出問題，每年都會抓到好幾筆我沒花的費用。如果知道每月花多少、存多少，更可以發現改進的方法，像如果我常買一些同樣的東西，就可以考慮參加會員，例如 Costco，或是辦一些有特殊點數的信用卡，像專門獎勵旅行和加油的信用卡。前面有提到，4% 法則反過來就是要存到每年花費的 25 倍，所以假設你每年花 40 萬元，25 倍就是存到一千萬元，你就達到財務自由了。但是如果你不知道每年花多少，也就不知道要存多少了。

為什麼要知道自己的「自由數字」呢？因為有些人是月光族，這可以給大家一個目標，如果薪水太低，無法存錢，就要趁早想辦法了，不管是再進修、換工作、出國，甚至打第二份工，總比什麼都不做，少年不努力，老大徒傷悲，以後變成窮苦老人好。

但是往正面想，現在美國流行的 FIRE 運動，就是要鼓勵大家早點存夠錢，早點退休。退休並不是什麼事都不做，而是可以做自己想做的事，像前面講的，不用被迫天天看討厭的老闆、同事或顧客的臉，為五斗米折腰。因為人生最精華的階段就是 25 到 65 歲，如果全部奉獻給工作，不是很可惜嗎？65 歲真的退休後，可能體力不好，也玩不動了，無法長途旅行看世界，或者會被醫生限制這個不能吃，那個不

能吃，無法享受美食好酒。如果運氣不好，70歲左右就掛了，那不就更衰？錢不是愈多愈好，因為花到的叫資產，花不到的叫遺產。

　　我這一代和上一代多數人的想法都是，學校畢業後，一直努力上班到65歲，光榮退休後再來享清福，然而現在退休金可能被砍，到時也可能已經吃不下、玩不動了。而現在的年輕人在台灣低薪的環境中，可能不容易存到錢，老了又該怎麼辦？這兩種的下場都不好，所以大家必須有計劃，算算自己的「自由數字」是多少，到底多少錢才可以達到財務自由，做自己想做及有意義的事（如果一直可以做自己喜歡的工作也是很好的一件事，像郭台銘就應該永遠不會退休），而不是年輕時被工作綁架，想說年紀大了再說，老了才發現錢沒存夠，年輕時想做的事情也來不及做，沒完成自己的夢想清單，那就真的太可惜了。

　　去年我在中廣趙少康大哥的節目中聊到這些，他就提到現在有很多年輕人每月薪水都不夠花，想存錢實在很難。回家後我就一直思考這個問題，得到一個結論：如果真是這樣，那就應該要做一些改變。當然我也知道改變不是那麼簡單，有些人可能因某些個人因素無法變動。但是我覺得多數人都是溫水煮青蛙，期待船到橋頭自然直，想說年紀大了，

退休以後再說，看看政府年金、公司退休金或是親戚朋友有沒有人可以幫忙。但是我想到的是少年不努力，老大徒傷悲。美國有一句話也說：「精神錯亂的定義就是一直做一樣的事情，但是期待會有不一樣的結果。」如果現在不幫自己好好規劃一下，多存點錢，或是轉到可以讓你存到錢的工作或地點，那結果也不能怪別人了。

記得去年有一次在台北搭 Uber 時，被一位年輕司機認出，問我如何才能財務自由。我當時在車裡很認真花了 30 分鐘給他一些建議，可是他的回覆卻是怕東怕西，只看到可能失敗的地方，沒有勇氣做出必要的改變，尤其他才 30 歲不到，有年輕的本錢，如果失敗還是有時間可以站起來（其實年紀也不是問題，肯德基的創始人也是 65 歲才開第一家店）。下車後我覺得有些可惜，因為他雖然有想到未來，卻沒勇氣走出改變的第一步。希望各位可以找到改變的勇氣，儘早存到 FU Money 的自由境界，讓短暫的辛苦換來長久的財務自由。

如果你想要看一些實際數字，以下的例子可以給你一些參考。如果想存足夠的錢退休，多賺或少花都可以，但我覺得多賺錢比多省錢重要（後面章節會教你如何多賺錢）。雖然英文有句話說 "A penny saved is a penny earned."（省一分

錢就是賺一分錢），省錢當然很重要，但是省錢如果能同時加上賺更多的錢，到達 FIRE 的速度就會快很多。前面曾提到，如果你可以存到你年開銷的 25 倍，也就是如果你每年花費 40 萬元，40 乘以 25 就是一千萬元，你就有足夠的錢退休。因為每個人花費不一樣，要存的 25 倍也不同，所以我這裡整理了 5 個方案，給大家參考（以下的月薪是稅後實拿回家的錢，如表 3）：

1、**金卡 A 方案**：月賺 20 萬元，存款率 40%，這樣可以每月花 60%，也就是花 12 萬元，40% 的存款率可以讓自己 22 年後退休，從 25 歲工作到 47 歲退休，每月 12 萬元一路花到掛。

2、**金卡 B 方案**：月賺 20 萬元，存款率 60%，這樣可以每月花 40%，也就是花 8 萬元，那 60% 的存款率可以讓自己 12 年後退休，從 25 歲工作到 37 歲退休，每月 8 萬元一路花到掛。這樣雖然退休後每月只能花 8 萬元，但是可以比金卡 A 方案早 10 年退休。

3、**銀卡 A 方案**：月賺 10 萬元，存款率 20%，這樣可以每月花 80%，也就是花 8 萬元，那 20% 的存款率可以讓自己 37 後年退休，從 25 歲工作到 62 歲退休，每月 8 萬元一路花到掛。

金卡 A 方案	金卡 B 方案	銀卡 A 方案	銀卡 B 方案	綠卡方案
月賺 20 萬元，存款率 40%	月賺 20 萬元，存款率 60%	月賺 10 萬元，存款率 20%	月賺 10 萬元，存款率 40%	月賺 5 萬元，存款率 20%
每月花 60%，也就是花 12 萬元	每月花 40%，也就是花 8 萬元	每月花 80%，也就是花 8 萬元	每月花 60%，也就是花 6 萬元	每月花 80%，也就是花 4 萬元
40% 的存款率可以工作 22 年退休，從 25 歲工作到 47 歲退休，每月 12 萬元一路花到掛。	60% 的存款率可以工作 12 年退休，從 25 歲工作到 37 歲退休，每月 8 萬元一路花到掛。	20% 的存款率可以工作 37 年退休，從 25 歲工作到 62 歲退休，每月 8 萬元一路花到掛	40% 的存款率可以工作 22 年退休，從 25 歲工作到 47 歲退休，每月 6 萬元一路花到掛	20% 的存款率可以工作 37 年退休，從 25 歲工作到 62 歲退休，每月 4 萬元一路花到掛
	雖然退休後每月只能花 8 萬元，但是可以比金卡 A 方案早 10 年退休		雖然退休後每月只能花 6 萬元，但是可以比銀卡 A 方案上早 15 年退休	雖然可以每月花 4 萬元，但是 37 年後的 4 萬元比今天的 4 萬元消費力一定少很多

表 3 退休 5 大方案

　　4、銀卡 B 方案：月賺 10 萬元，存款率 40%，這樣可以每月花 60%，也就是花 6 萬元，那 40% 的存款率可以讓自己 22 年後退休，從 25 歲工作到 47 歲退休，每月 6 萬元一路花到掛。這樣雖然退休後每月只能花 6 萬元，但是可以比銀卡 A 方案早 15 年退休。

5、綠卡方案：月賺 5 萬元，存款率 20%，這樣可以每月花 80%，也就是花 4 萬元，那 20% 的存款率可以讓自己 37 年後退休，從 25 歲工作到 62 歲退休，每月 4 萬元一路花到掛。這樣雖然可以每月花 4 萬元，但是 37 年後的 4 萬元比今天的 4 萬元消費力一定少很多。

那你可能會問，如果我有小孩要付學費，或是如果生大病要一大筆醫藥費，該怎麼辦？因為之前的算法把預算乘以 25（4% 法則），每月的預算是拿平常的重複開銷來計算，這樣會比較單純好算，因為每月或每年的情況都差不多。所以我會建議把不是每月都要花的錢（像一次性）單獨分出來，設立成不同的基金，有專有的用途。若以銀卡 A 方案為例子，把單獨的基金分出來，你可能稅後月薪是 13 萬元，先把一萬元放在教育基金，一萬元放在醫療基金，一萬元放在旅行基金，然後剩下的 10 萬元就按舊的算法，這樣每月有 8 萬元的預算付清每天普通重複的生活花費，這樣退休也是可以每月 8 萬元花到掛。在這 37 年的存款時間中，你的教育、醫療和旅行三個基金，因為每月都存了一萬元，到退休時，應該也有一筆可觀的數目可以負擔各自的開銷了。當然這只是個簡單的例子讓你參考，因為你的特殊基金可能是 2 個或 4 個以上（像公益基金），也可能每月只放進幾千元，每個

基金也可以放不同數目的錢，但如果要考慮到更細的問題，像所得稅和增值稅，就要另外再細算了。

所以如果你真的只月賺 5 萬元，像以上的綠卡方案，其實只要好好規劃，加上年金或退休金，以及感謝政府便宜的健保，有一天還是可以靠自己退休。可是我還是那句話：我們活著是來享受人生的，所謂 "Work Hard and Play Hard."，如果你可以多賺一點錢，過金卡的 A 或 B 方案，豈不是更好？尤其如果你的退休金不是養一個人，是要支持夫婦兩人或更多人的家庭，那錢多一點總是比較保險。

現在美國很流行 FIRE 運動，很多人希望在 40 歲前退休，最好是 30 歲出頭就能達成，這樣還可以陪孩子成長。雖然每一個人的想法都不一樣，基本上只要存到每年 25 倍的預算就好，沒有一定的模式，只要自己覺得好就好。我個人覺得如果太省，生活過的太節儉，這個不能做或那個不能買，也就脫離想要達到 FIRE 的最終目的，簡單說就是要快樂，而不是死存錢。如果你是像我一樣的受薪階級，你賺錢的事業頂峰應該是在 40 到 50 歲，因為那時你經驗也夠，年資也有，加上多年的人脈，如果不多賺點有一點可惜。所以我會建議在 50 歲前退休就好（像我自己是 48 歲），這樣可以多存些錢，而你的 4% 法則的年預算可以多些，讓你多一

點閒錢做一些有趣或有意義的事，讓人生過的更開心、更有價值，而不是只是達到夠吃穿的基本需求而已。如果都是計劃存一半的薪水，我寧願多賺一點，才能多花一點。

2. 資產配置很重要

美國的股市從 2018 年的 12 月開始，有時一天漲幾百點，有時一天跌幾百點，台灣的股市也隨之起舞，讓投資者好像在坐雲霄飛車一樣，一天高興，一天憂慮，讓人精神分裂，所以很多人都問我，股票到底是要買，還是賣？

我通常會這樣建議投資者。第一，沒有人可以抓準每一次的漲跌，就連巴菲特，也是看長線。很多媒體的評論基本上也都是事後孔明，我就曾看到有個財經節目第一天股市跌，解釋為中美貿易戰比想像的差，第二天股市漲，卻解釋為中美貿易戰比想像的好，基本上這些都是沒有價值的廢話。

2018 年 11 月初，我應國泰證券和《今周刊》邀請回台演講，發表 2019 年的投資展望，演講中我除了率先提出「保守、保守、再保守」的審慎看法外，也提出了應對的方法，也就是資產配置，而這遠比選股重要的多。

一個比較簡單的方法（其他複雜的方法也包括像 Market Timing、All Weather Portfolio，或是 Alpha Creation 等，這些方法後面章節再談），就是用你的年紀當做投資債券的百分比。像我 50 歲出頭，就可以把全部投資的 50% 放債券，剩下的 50% 買股票。而如果你是 30 歲，就將 30% 買債券，剩下的 70% 買股票。因為股票長期的平均年成長率一般可達 7% 到 10% 左右（請參考表 2），相對其他的投資，像債券或定存都要好。但是股票的問題是短期波動大，就像這幾個月一樣，大起大落，而且已經進入所謂負 10% 的修正期。所以愈年輕，離退休的時間愈遠，就有時間可以等股票漲回。但是年紀愈大，離退休較近，就沒有很多時間可以等股票漲回，所以股票就要少買一點。美國現在流行一個叫目標日期的基金（Target Date Fund），這個基金會照你想退休的時間回算，剛開始時多一點股票，離退休年份愈近，股票就會降低，債券則拉高，跟我建議的一樣，只是你不用費心，這個基金會自動幫你調整。

　　至於債券，如果在升息的氛圍下就建議不要買債券基金，而要買短期 A 評等以上相對安全的公司債券。因為經濟成長開始衰弱，要付的利息又增加，很多公司信用的風險也會跟著提高。像我自己誤聽理專的建議，去年初買了債券基

金，因為按市值計價（Mark to Market）的關係，結果本來應該低風險的投資竟然還賠錢，只好當做交學費了。買債券的好處是，只要公司不倒（所以建議買 A 評等以上的，因為債券的主要目的是安全，不是高報酬，高報酬是屬於股票的事情），本金可以百分之百拿回，還可加上定期的利息回報。建議你也不要賭利息會升會降，因為連專業人士（像我的理專）也抓不準。例如，在 2018 年美國升息時，大家以為 2019 年也會繼續升，結果現在看來不但不升，而且已經在降了。

有個債券的投資方法叫 Bond Ladder，中文叫債券梯。因為通常長期的債券利息會比短期高，但是如果你不想把錢全部鎖在長期，希望每年都可以有錢用，就可以用這個策略。譬如，如果你把債券的投資分成五份，第一年開始做債券梯時，先把五分之一的錢拿來買 5 年的債券，五分之一的錢買 4 年的債券，五分之一的錢買 3 年的債券，五分之一的錢買 2 年的債券，五分之一的錢買 1 年的債券。然後從第二年開始，每年債券到期後，再買五年債券，以此類推。因為長期像五年的到期債券通常會比 1 到 3 年的利息好，這樣的話，每年都有五年債券到期可以用的錢，而且可以一直拿到五年比較高的利息。這樣買也不用天天賭利息會降，還是

升，因為到期就可以把本金拿回，不用管。

至於股票，你若很有興趣，也很有時間，就可以買，但我其實不太建議挑個股，因為真的很難。但是若你覺得自己跟巴菲特一樣厲害，建議把你的資產分成 3 份，一份自己操盤挑股票，一份買股票基金，最後一份買 ETF 類的指數，然後過 1 到 2 年後自己比較一下，看哪一部分的投報率最好。連我自己做了 15 年的投資銀行分析師，擁有全球的資訊及資源，並且有幸被選為亞洲科技硬體研究第一名分析師，現在我的股票投資也都是以 ETF（Index，指數基金）為主。因為挑準股票真的不是那麼容易的事，連大部分的基金經理人也不是每年可以跑贏大盤。除非你真的有很多時間天天看盤、研究財報和產業，拜訪公司，加上有巴菲特的基因，才適合自己選股（把選股當興趣，賠的錢當娛樂費的人，也可以）。我現在退休，寧願把時間放在吃喝玩樂上，不要天天盯著股市，所以把錢放在 ETF 最安全。

像我雖然有 50% 的資產在股票上，股市天天上上下下，這幾個月可能帳面上也賠了錢，但是我一點也不在意，因為我知道自己這幾年不需要賣股票過活，可以靠另外 50% 的債券收入支持足夠的日常開銷。當然如果更保守一點，也可以先準備 1 到 2 年需要的花費，放在銀行的活存帳戶或短期定

存，這樣就不會被逼的在價錢不好時拋售股票或債券，也不用天天煩惱股市大起大落，或是債券在利息上漲時跌價。

我在多年的投資銀行經驗學到，賺錢前先要懂得如何賠錢，像電影「賭神」裡講的，「小心駛得萬年船」。只要掌握以上基本而重要的概念（很多都是我經過血淋淋的教訓、花學費學到的），就可以不用為了最近的股市波動而「比較煩」，讓大家可以安全下莊，不當相公，有足夠的錢享受FIRE，提早過退休的生活。

最後提一下，美國有一個很大的基金——橋水聯合基金（Bridgewater），管理了一千五百億美元的資產，他們最有名的資產分配祕訣，叫做 All Weather Portfolio，就是用更先進資產分配的方法，不管市場如何變化都可以賺錢，因為很多不同的資產不會一起漲或一起跌，如果分配得好，可以降低風險，不會大賺，也不會大賠，而且可以跑贏大盤。投資有一個很簡單的數學道理，就是少賠比多賺重要，因為如果先賠了 50%，以後要回本，不是要再賺 50%，而是要再賺100%。例如，橋水基金建議的分配原則就是 30% 放股票、15% 放中期債券、40% 放長期債券、7.5% 放黃金、7.5% 放大宗物資（Commodities，像石油、咖啡、農產品、肉類等）。這個會比一半投資放股票，一半放債券複雜些，但是

有興趣的人可以仔細研究，因為這個基金靠這個資產分配方法已經成為全球前幾大的基金了，這個祕密也是近幾年才漸漸被他們的老闆瑞‧達利歐（Ray Dalio）公開（順帶一提，他 2018 年出版的書《原則：生活和工作》，已有中文版，很建議大家好好閱讀）。

3. 建立多方的收入來源：
雞蛋不要全放在同一個籃子裡

　　另外一個重要的退休收入策略，則是要有多方面的收入來源，不要只靠一個。所謂雞蛋不要全部放在同一個籃子裡，退休金也一樣。記得在 2001 年，美國的安隆公司破產，當時很多安隆的員工把一輩子工作賺的錢全都放在公司的股票上，因為誰也不認為那麼好的公司會有問題。結果後來公司倒了，不但自己一生的投資血本無歸，連公司的工作和退休金也沒了。我自己也犯過同樣的錯誤，以為買自家股票就是對公司忠心，其實這是最笨的，因為完全沒有風險管理的概念，就如同安隆，如果公司出問題，不但公司股票會跌，連自己的工作可能都朝夕不保，像我之前在 IBM 和花旗銀行，股票就賠了一大堆錢。我抱怨時，還被我前花旗和巴克

萊的小老闆陳衛斌（Kent Chan）酸了一頓，因為他 2007 年從花旗跳槽到雷曼時，花旗股票也全部被換為雷曼股票，我的花旗股票跌了 90% 以上，他的雷曼股票更倒楣，全部變壁紙。所以我們一起跳槽到巴克萊以後，不但不買公司股票，甚至巴克萊一發給我們股票，我們就馬上賣掉，從此不敢持有公司的股票，因為雞蛋全部放在一個籃子裡真是件恐怖的事。

所以決定退休時，要先建立多方的收入來源。舉例來說，國民年金是一種，公司退休金又是一種。而股票的股利、債券的利息，也算是一種。如果要繼續增加，還可以考慮其他各種的投資，像當房東就有房租，或是向保險公司買年金，這些都是分散風險，增加不同收入來源的方法，不會被一個事件，像公司倒閉或金融風暴，大幅影響你的退休收入。

接下來的章節，我會開始細談每一項投資的產品和策略，幫助讀者建立風險最低、有合理回報的資產組合（Investment Portfolio），可以自動操作，讓你不用費心，甚至擔心，或是受股市、匯市或金融市場影響，既可以擁有足夠的錢，也能好好的享受退休生活。

第 3 章

如何投資股票？

讓排名第一的首席分析師教你選股祕訣

How to pick stocks: Secrets from the #1 equity analyst

"Show me the money!" - Jerry Maguire

1. 如何挑股票：
賺錢其實不難，但你得做足功課

橋水聯合基金的創辦人瑞・達利歐在退休後公布了他過去的操盤祕訣，本章中我也效法他，把我的挑股祕訣整理出來讓大家參考，雖然有點複雜，但都是我累積 15 年的經驗結晶。

我從大學、碩士，甚至博士班都是念電機工程系（但是博士沒念完就跑了），之後又念了芝加哥大學的 MBA（主修財經會計和市場），根據我在科技產業多年，加上管理顧問和 15 年的外資科技分析師的經驗（包括高盛、瑞士信貸、花旗、巴克萊等），我得到的結論是，要每次都挑對科技股真難！即便是像我學以致用、擁有投資銀行的全球資源，加上和優秀團隊合作，一次只盯十支股票，我的命中率可能也只有八成，不可能百分之百都看準。

我並不是要潑大家的冷水，只是要大家了解，選股是件很難的事情。因為選股和賭博很像，會有一個錯覺，就是把運氣當能力。選股跟賭大小很像，猴子去猜也有五成贏的機會，因為股票不是漲，就是跌，所以很多人會以為漲是自己挑的準，但是其實就是運氣。如果你不相信我，或者自認是

巴菲特的兄弟，那我會建議你把投資股票的錢分成 3 份，三分之一自己選股，三分之一買基金，三分之一買指數，然後等 1 到 2 年後自己比較一下績效。因為連全職的職業基金經理人，包括很多是我之前很熟的客戶，有一半以上（有人說可能到八成）都無法長期跑贏大盤指數，所以散戶的機會可說是少之又少。當然散戶也有可能會比大盤表現好，就像還是有人會贏樂透一樣。如果讀者把挑股當做興趣或像是去賭場娛樂，那也不是壞事，只是千萬不要把娛樂和投資混為一談。

但是如果大家真的對選股有興趣，真的願意下功夫去學習，我很樂意分享我這 15 年來所累積的經驗，希望對大家有一些幫助：

選股祕訣 1：最基本的是要看季報和年報。記得有一次我在一個投資演講中，問台下幾百位股民，有誰看過持有股票公司的季報和年報，只有小貓兩、三隻舉手。看公司的年報是投資一家公司最基本的功課，也是最簡單的事。因為公司不只把他們全部的資訊整理好端給你看，讓你不用網站一個一個的找，而且公司基本上都不敢做假，因為有法律責任，會計師都會查帳簽名。除了可以看到基本的財務數字外，很重要的是董事長每年發表的年度回顧、未來展望以及

公司策略，都可以在年報中一目瞭然，當中還會分析產業情況、客戶分布、產品出貨，甚至競爭者和市場的分析，都會寫得一清二楚，讓你可以充分了解那家公司的情況。有人覺得看年報很枯燥無味，但巴菲特把看年報當做週末娛樂，雖然有一點瘋狂，但也解釋了他為什麼可以當股神。

　　選股祕訣 2：拜訪並多了解你要投資的公司。通常上市公司都會有 IR（Investor Relation），也就是投資者關係部。當然法人可能比較容易跟他們單獨開會，可是散戶還是有方法跟公司見到面。例如，大一點的公司通常都會舉辦季度法人說明會，也會開電話會議讓大家同時一起參加，有機會甚至可以直接詢問管理階層問題。他們有時也會參加券商辦的投資論壇，只要用功一點（像找朋友拿票），要參加通常不是太困難。最差的情況就是參加公司一年一度的股東大會，只要你有買一股（有時公司也懶的查），就一定進得去。像之前的鴻海，因為公司不透明，沒有定期開法說會，所以每年一度六月的股東大會就成了大家難得看到郭台銘的機會，後來股東會愈辦愈大，郭董也趁機跟大家報告公司的情況，做為免費宣傳的好機會，2019 年他甚至在股東大會上發表總統參選感言。由於一家公司的管理階層至關重要，我挑公司通常一定會先看人，因為只要有好的領導人，就像國家一

樣，公司就一定會好。像蘋果的賈伯斯，他離開蘋果後，公司就差一點倒了，他回去之後，公司竟然變成全世界市值第一。微軟也一樣，比爾·蓋茲一離開，微軟就每況愈下，一直到現任的印度裔 CEO 納德拉（Satya Nadella，還是我芝加哥大學 MBA 的同學），才又讓微軟重振雄風。負面的例子也很多，例如台灣的大同公司，我家的大同寶寶和大同電鍋買來後就一直用到現在，但後來換了董事長後就一路衰敗，真是不勝唏噓。這也是為什麼我常講，只要郭台銘在的一天，我就敢買鴻海的原因。

有些公司不希望有人拜訪，像早期的鴻海，就非常不透明，問什麼都不講，這時你就要自己想辦法了。行銷學教的 3C、4P 這時就可以派上用場。也就是除了公司（Company）以外，你還可以去拜訪競爭者（Competitor）或顧客（Customer），然後研究公司的產品（Product）、定價策略（Price）、銷售渠道（Place）和推銷策略（Promotion），如果再加上產業競爭 Porter's Five Forces 分析，包括產業競爭（Competition）、可能的新競爭者（New Entrants）、供應商談判力（Power of Suppliers）、客戶談判力（Power of Customers）、可被取代產品的威脅（Threat of Substitute Products），蒐集這些資訊後就可以分析你要投資的公司了。

有人問我，2002 年時是如何發掘宏達電的，因為當時我寫出了市場上第一份研究報告，並且準確預測上市後會連拉七個漲停板。那時因為宏達電正準備上市，非常低調，什麼資訊都不願意提供。當時我自己是用 Handspring 的 PDA，覺得很好用，但價格卻好貴（所以毛利一定很好），所以一聽說宏達電有一款更棒的產品（因為公司的新產品對營收很重要，像買蘋果股票是為了它的 iPhone），而宏達電會出貨給德國的 T-Mobile，於是就在 2002 年 3 月特別飛到德國 CeBIT 資訊展去找 T-Mobile 的攤位，果然找到了這款 XDA 智慧型手機，試用之後，驚為天人，比蘋果 2007 年的第一支 iPhone 還早了 5 年，所以才敢大膽的定了很高的股票目標價，後來果然股價也破千元。

選股祕訣 3：研究財務數字，準確估值。 之前談的年報主要是讓你了解公司的策略和大方向，以及產業情況，而財報就是讓你計算這個公司的估值。大家對外資分析師的報告一直有個錯覺，分析師喊買進或賣出跟公司的好壞關係不大，目的主要是建議如何賺錢。所以如果壞公司的股價太便宜，我們會喊買進，但是如果好公司的股價太貴，我們就會喊賣出。因為你買賣股票的目的是為了賺錢，不是要擁有好公司太貴的股票。

我覺得估值是對分析師最難的事，因為股價是反應未來的事，而不是過去的事。財報的舊數字只是第一步，但是要估算到以後的財務預測，真的很難，因為要同時預測一家公司的新產品、價格、成本、獲利、市場的需求、客戶的接受度、競爭者的反應，甚至一些大環境的不確定性，像油價（影響運費和成本）、利息漲跌（升息公司的貸款就貴了，消費者可花的錢就少了）、貨幣升值（像 2010 年開始的人民幣升值就把大陸的製造業打垮了），甚至無法預測到的黑天鵝（如金融海嘯、美中貿易戰、川普亂講話、香港反送中）等等，這也是為什麼沒有人會永遠對，因為未知數太多了，也天天在變化。可惜有些人會拿舊數據做為買賣股票的依據，但這就像開車只看照後鏡一樣，是很危險的。

一旦基本的財務預測模型做好後，就可以試著把合理的股價算出。通常會有兩種算法，第一個是比倍數（Multiples），最流行的就是本益比（PE Ratio），但是其他的倍數也可以參考，像股價營收比（Price to Sales），因為有時候新公司，像 2000 年的互聯網公司沒有營利，無法算出本益比，就只好看營收比。另外，如果利息費用太高的公司，可以用企業價值倍數（EV/EBITDA），只比公司非利息費用和折舊的數字，像一些折舊費用太高或變化太大的公

司，就適合用這個算法。倍數比法和買房子有一點像，因為你的房價基本上是看附近差不多大小的屋齡、地段、裝潢的價錢來比，而不是看建材花多少錢。上市公司也一樣，跟類似的公司比較本益比，大家都應該差不多。所以在股市中你可以看到同類公司，像科技股，或是更精準一點，半導體股通常是大家一起跌或一起漲。

第二種方法比較學術派，散戶通常較少用到，因為相對複雜，但是對分析師來說很重要，因為這才是公司的真正價值，是一種內在價值（Intrinsic Value），也就是公司的價值在於它能幫股東賺多少錢，叫自由現金流量（Free Cash Flow），有人簡化用現金股利來計算，基本上就是用 DCF（Discounted Cash Flow，現金流折現法），加上最後的終值（Terminal Value）算出公司的價值。如果你真的想多了解，建議你可以看《證券分析》（*Security Analysis* by Benjamin Graham and David Dodd），這本書基本上是 MBA 財務金融課的聖經和必讀書。

估值雖然複雜，卻是最重要的，不只是股票，我們的日常生活也很常用到。像去超市買東西，就必須會估值，也就是算出合理的價錢，才買得下去，不會被騙。又例如，若是要在台北買房子，也必須用這樣的概念，算出一坪合理的價

格大約是多少錢。有這種能力，就可以賺很多錢。像古董專家，可以分辨出被低估的古董，或是紅酒專家，買進被低估的紅酒，轉賣後就可以大賺一筆。股票也一樣，如果你的估價精準，就可以找到被低估的股票，賺錢就輕而易舉了。

選股祕訣 4：設定進場和出場的策略。有一個菜鳥分析師，他出了一份鴻海的報告，目標價是 80 元，後來股價到了 80 元，他就往上調到 100 元，股價到了 100 元，他又上調到 200 元，後來股價跌回 80 元，他就調回 150 元，買進的評等一路掛到底。

我發現很多股票投資者也犯了同樣的錯誤，就是心裡的目標價會隨市場的股價上下變動，像是驢子前面掛了蘿蔔，再怎麼跑也永遠吃不到蘿蔔、達不到目標，這樣永遠不用賣股票了，也無法出場。

我的建議是，買股票前一定要先做好功課，算出合理的估值。以鴻海為例，假設我算出它合理的價格是 80 元，我就會設定 90 元出場（因為超漲），賺 10 元，或在 70 元停損（因為超跌），賠 10 元。如果股價到了 90 元，我會再看一下本來的假設，如果情況有變（像鴻海接到新蘋果訂單），我就會重新算過估值，把目標價往上調。如果情況沒什麼變，就會賣出獲利。但如果我沒先設定出場的價格，而我之

前的估值是正確的，股價漲到 90 元後又可能掉回來，就錯過了賺錢的機會了。

停損也一樣。同樣以鴻海為例，如果我的停損點是 70 元（通常是 20% 左右），該賠時就認賠殺出，看走眼沒關係，留得青山在，下次還是可以再賺回來，因為通常股市會比投資人聰明。可是很多人寧願住套房，就把股票一直放在那裡。因為股票跌一定有原因，如果公司有問題就會一路跌到底，變成雞蛋水餃股，那時再賣就來不及了。很多人覺得只要不賣就不算賠，那其實是自己騙自己。即使願意住套房，股票不動的放在那裡，但如果你買的股票是錯的話，就是在浪費你這筆錢的機會成本，喪失可以把這筆資金押在會上漲的股票上。當然，如果你研究後發現股票是超跌，而還是很有信心的話，就可以逢低買進，長期大賺一把（像 2008 年金融海嘯時）。

另外，一個區間操作的策略就是用交易區間（Trading Range），當然也要先看這支股票好不好。假設我認為鴻海這幾年沒什麼特別大的成長動力，但是公司也沒什麼太大問題，可能股價的公平估值是在 70 到 90 元之間。如果仔細分析後有判斷，就應該在股價跌破 70 元時進場，然後 90 元賣出，來回一次就賺 20 元，一年可以賺好幾次。

重點是，不管用的是什麼策略，進場前一定要先決定好出場價格和停損點，要不然不是該賺的錢沒賺到，就是沒設停損點而慘賠，或是讓可運用的資金住套房，這都不是好的投資人會出現的行為。

選股祕訣 5：三個臭皮匠，勝過一個諸葛亮。再厲害的人都會有盲點，因為選股票要考慮的因素太多了，所以一定還是要聽聽別人的意見。最快的方法就是參考外資報告，因為分析師的工作就是天天盯著股票，做不同的分析和預測。但是看外資報告也有訣竅，不能光看買進或賣出的評比和目標價，要看內容。這跟看新聞一樣，不要只看標題，先要看是誰寫的。雖然進外資的分析師應該有一定的水準，但是因為現在外資的薪水愈來愈低，有經驗的分析師也愈來愈少了，所以資深的分析師寫的還是會比菜鳥寫的有參考性。但重點不是看銀行大小，因為分析師常換銀行，所以要看人。例如，2019 年，台灣的證券商富邦科技硬體報告寫的就比高盛或花旗這些國際投資銀行還好（但是如果分析師跳槽還是會變）。

另外，必須看分析師寫的語氣。有時報告上面雖然寫著買進，但是可能他放買進這個評等已經有一段時間，而現在的股價也快到達他的目標價。如果文字語氣有些疑慮，就表

示他可能不會調高目標價，而會降低投資評等。或者如果你看到一個買進的報告目標價比現價高一倍（像去年一份鴻海目標價 200 元的報告，後來股價掉到百元以下），那種報告的可信度也必須打折扣。因為有些新人分析師想一炮而紅，故意將目標價定得很離譜，這種情況也常發生。

報紙的資訊也很重要，但是跟分析師的報告一樣，應該參考就好，當成研究的第一步，最後還是要自己做分析決定，而不是盲目跟隨。我當分析師時常聽到有些散戶會根據報紙中分析師的意見去買股票而賠錢，於是就批評報紙或分析師，甚至打電話去金管會抗議。我覺得這種想法很好笑，因為事實上，分析師的報告是寫給法人的基金經理人看的，他們每年付上百萬美元給投資銀行買這些報告，如果真的要罵，基金經理人才有權利吧？因為他們才是花錢的客戶（所以才有每年的分析師排名，這是法人和基金經理人投票產生的，最具公信力，不是誰說了算）。散戶沒有付一塊錢給分析師，或最多只付 20 元買份報紙，資訊上報時已經變舊聞了，該進場或退場，外資早就做了，散戶後來賠錢又要怪誰呢？

基金經理人有好有壞，有少數人真的很厲害，常常跑贏大盤，除了巴菲特，還有一個富達基金（Fidelity）很有名的

基金經理人彼得‧林區（Peter Lynch），也是我之前在波士頓的客戶，他的麥哲倫基金（Magellan Fund）不但跑贏大盤，而且他 13 年平均創造雙倍 S&P500 的投資報酬率，真的很不簡單。我們常講要追隨這類聰明錢（Smart Money），注意它們基金買賣的股票（新聞或季報都找得到），因為他們都是看長線，雖然你會晚幾個星期，但他們買賣的股票還是很有參考性，尤其是逢低買進。

另外，如果真的想拿到第一手資訊，可以考慮訂購會員資訊，美國稱為 Investment Newsletter，例如有家很有名的 The Motley Fool，我就很推薦，因為價錢合理。基本上也是分析師寫的報告，但是專門服務散戶，而且有些股票很少聽過，如果你想投資美股就可以參考。不過，因為羊毛出在羊身上，如果你拿的投資資訊是免費或低價的，那價值可能就沒有保證。最後如果你能參加一些投資社團，定時與人交換意見，也是不錯的選擇，但重點還是自己要多做功課，不要誤信明牌，因為不要錢的最貴。

選股祕訣 6：只買自己懂的公司。這句話巴菲特自己也常講，他在 2000 年時沒買互聯網或科技公司，因為他說他不懂。但是後來可能一時手癢，買了 IBM，最後就賠錢了，因為巴菲特是有名的價值型投資者（Value Investor），低股

價本益比對他最重要，但是科技股對成長型投資者（Growth Investor）比較適合，因為好的科技公司一定貴，有時公司可能還沒開始賺錢，像亞馬遜的本益比都是上百倍，有時還漲到上千倍，根本買不下去。所以隔行如隔山，我雖然懂科技股票，但是叫我去評論化學股或航空股，我也不懂。買不懂的股票完全沒有優勢，基本上就像是賭博。

還有一個方法是從生活中著手。例如，當初蘋果推出 iPod 時，我因為很喜歡音樂，就買來用，覺得不錯。後來 2007 年，蘋果出了第一台 iPhone，覺得也很棒，就大力推薦蘋果這檔股票，後來當然也大漲。而從台灣的角度，去買蘋果手機的供應鏈，像鴻海、台積電、大立光、可成這些股票也不錯。大家可能知道我是 2002 年 3 月市場上第一個提出宏達電報告的分析師，當初強力推薦買進宏達電，也是因為用了它的產品 XDA，認為是當時市場上最好的智慧型手機，所以宏達電後來也大漲。可惜宏達電雖然早了蘋果 5 年，但是產品愈賣愈差，股價也跟著反應公司狀況。

另一個例子是 1993 年我在埃森哲（Accenture，改名前叫 Andersen Consulting）工作時，辦公室的同事都特別喜歡喝星巴克咖啡，還指定老闆一定要天天提供，後來大家發現星巴克的股票 1992 年才剛上市，於是早在那時就進場買它

的股票了。還有，我一個小學同學的妹妹住在西雅圖，常去當時還很小的亞馬遜書店買書，1997 年亞馬遜上市時，她很有遠見地買進了一些股票，當時的一個小決定讓她現在變成了億萬富翁。又例如，2000 年我一位高盛的分析師同事，當時拜訪了騰訊之後，就毅然加入他們。那時我們都以為他瘋了（他不是中國人，也不懂中文），放棄高盛那麼好的公司去一家大陸小互聯網公司，當然現在他也已經發了。這類的故事很常發生在我周遭朋友的身上，所以多注意周圍的事物，對你的投資很有幫助，因為到處都可能是機會。

2. 買基金比挑個股安全省事： 連巴菲特都幫老婆買 ETF，費用低又不用煩惱

雖然前面提供了一些我多年的選股祕訣，但還是要再強調一次，除非你真的很有興趣，又願意花很多時間做功課，或當成娛樂、交學費、學經驗，我對多數人還是會建議所謂的 Passive Investing，也就是被動投資，因為主動投資天天要看盤，會需要花很多時間，而且經常進出場的成本也很可觀。

那什麼是被動投資呢？其實巴菲特也講過，他過世後會

幫老婆家人做一樣的財務安排，也就是買 ETF 或是指數基金（Index Fund）。前面講過，即使全職的基金經理人，也很難長期跑贏大盤，巴菲特最清楚，所以才幫家人選擇被動投資。我也是一樣，比較喜歡把退休的時間花在其他地方，像家庭小孩、旅行美食，覺得這會比天天在電腦前面看盤、盯股票好，何況我不一定會跑贏大盤。在美股最簡單的方法就是買 DIA（Dow Jones Index）、QQQ（Nasdaq Index）或是 SPY（S&P 500 Index），因為美股長期平均有每年 7% 到 10% 的回報，買這些指數基金，管理費又低，又不用煩心。在美國有一個基金 Vanguard，他的創始人柏格（Jack Bogle），提倡這個低管理費的被動型基金多年，只要跟著大盤跑，最後也證明他是對的，投資報酬率真的不錯，後來才有像巴克萊銀行的 iShare 跟進。如果你對某一個行業特別有興趣，也可以買這個行業的指數基金，像黃金、生技、台股、外幣，甚至放空等等，現在五花八門，什麼都有（也可以挑國家或不同地區，像北美、南美、西歐、亞洲的 ETF 基金），這樣可以分散風險，不用把全部資金壓在一種股票上。而且重點是買大盤，被動投資，這樣管理費低，你的投資報酬率才會高。

如同選股，如果你有時間、也願意做功課，也可以挑一

些 Active Managed Funds，也就是押哪個基金經理人夠厲害，可以跑贏大盤。厲害的基金不多，可能只有全部基金的10% 到 20%，但還是找得到。例如，巴菲特的波克夏・海瑟威（Berkshire Hathaway）股票基本上就是一個基金，因為他現在持有 47 支股票。另外，富達國際最有名的麥哲倫基金（以前由彼得・林區操盤），這些基金就非常不錯。你可以參考晨星公司（Morningstar），這家公司是我芝加哥大學MBA 學長開的，不是評比股票，而是評比基金。你也可以考慮投資組合型基金（Fund of Funds），這種基金不是挑個股，而是挑基金，可以更分散風險，但是重點還是要做功課，找到可以長期跑贏大盤的基金，要不然還是買 ETF 比較省事。

另外，就是之前介紹過的「目標日期基金」，這種基金基本上是幾個 ETF 混在一起，但是會照你的未來計劃退休日自動調整股票和債券的比例，讓你年輕時持有股票多，年紀大時持有債券多，以此控制風險。

3. 高風險的投資：用 5% 到 10% 的資金以小搏大

股票投資當然比定存風險高，但回報也較高。投資時一定要記得，高報酬一定是高風險，天下沒有白吃的午餐，不可能有低風險、高報酬的東西，像 Ponzi Scheme（龐氏騙局）就是個典型騙人低風險、高報酬的投資，這個老鼠會的結果大家也一定知道。

雖然我覺得下面介紹的金融商品是高風險，但為了完整討論全部的投資選擇，還是跟大家稍微提一下。如果你的資產夠多，可以考慮拿出其中的 5% 到 10% 來投資，有點像買樂透一樣，如果賠了也無傷大雅，但是萬一壓對了，回報也滿可觀，可以更早提前退休。

其中一種商品是選擇權，也就是買權和賣權（Call and Put），不管你買不買，應該多少要了解這個產品。選擇權就是給你一段時間，可能是幾個月，讓你賭股票是漲或跌。現在很多結構型商品（Structured Products），就是用這個做基礎來包裝，因為這種商品的利潤高，銀行或保險公司很喜歡賣這種商品。大家可能還記得 2008 年的金融海嘯，有一大部分就是因為這類商品出了問題，像 MBS（Mortgage-Backed

Security，房貸擔保證券）、CDS（Credit Default Swap，信用違約交換）、次級房貸（Subprime Loan），還甚至可以把那麼多公司銀行搞到倒閉，所以買金融商品時一定要特別小心。那時香港流行的金融商品叫累計期權（Accumulator）和累計認沽期權（Decumulator），因為讓很多人賠了錢，就被戲稱是 "I kill you later" 和 "You kill me later"，基本上就是賭博，但卻讓營業員賺了很多錢。然而，所謂的期貨（Future），就更恐怖了。因為選擇權最多只是把投資的錢賠光，但是期貨是無底洞，賠的錢可以無限制，絕對要小心。我還是一句話，千萬不要買自己不懂的東西。

高風險的商品，我比較建議考慮 VC（Venture Capital）或 PE（Private Equity），也就是所謂的風險投資或私募基金。這些基本上很像投資股票，但是投資未上市的公司。因為公司還沒上市，所以通常散戶沒辦法變成股東，要靠這些 VC 或 PE 公司買進。通常 VC 或 PE 公司的費用不低，多數是 2/20，也就是每年收 2% 的管理費，賺錢後他們會抽 20% 的績效獎金。雖然有這麼高的費用，而且是高風險，投資沒那麼多流動性，通常也會鎖個好幾年，但還是很多人會考慮，因為回報很可觀，通常都是幾倍的回報（但是風險高，也可能變零）。所以我才會建議如果你有足夠的閒錢，可以拿 5%

到 10% 出來賭一下，因為平均回報比普通的股票好很多，畢竟高風險、高報酬。大家可能不一定知道，美國檯面上很多億萬富翁，像布希家族，或是之前參選美國總統的羅姆尼（Mitt Romney，現在當選猶他州參議員），還有 2019 年 5 月那位願意付清所有大學畢業生學生貸款的史密斯（Robert Smith），都是從 PE 出身。只是 PE 這行很神祕、低調，很多人不知道（在台灣把東森賣掉的凱雷就是跟布希家族關係密切的 PE 公司），因為通常真的賺錢的東西都是盡量低調、默默進行，讓別人知道了不僅對自己沒有好處，還可能把市場搞爛。2019 年 6 月日本軟銀的孫正義第一次來台灣，他演講談到的願景基金（Vision Fund）不但是全球最大的私募基金，而且每年平均回報都超過 30% 到 40%，就是高風險、高報酬的最佳例子。

第 4 章

進階財務規劃

買債券、當房東、善用保險，平衡風險和回報

Leverage other non-equity investments to balance risks and rewards

「小心駛得萬年船」——電影「賭神」

♪ "Safety dance." - Men Without Hats ♪

1. 用債券或高配息股票提供穩定的定期收入

我提過這句英文很多次了：High risk, high rewards（高風險，高報酬），因為千萬不要忘記，如果你要高報酬，風險也一定高。反過來說，如果你不要風險，例如銀行定存，那回報也一定低。所以，投資的重點不是完全不用風險，而是如何用可以承擔和控制的風險，來賺取最好的回報，因此，資產分配是很重要的概念。

前面有提到，退休後你一定要有多處的收入來源，不能把雞蛋放在一個籃子裡。最簡單的建議是一半投資放在股票。前面也討論過，股票可以放在不同的基金，也可以買高股利的股票，順便得到一些現金股利，這也是退休收入的來源之一。但是，我在 MBA 也學到，高股利在稅法的因素下，不一定合算。例如，如果一支股票發了 10 元的股票現金股利，發出的當天股票會跌 10 元（所謂的除權除息）。也就是說，你的全部資產不變，你雖然每股拿了 10 元股利，但是你的股票也跌了 10 元。像在台灣沒有資本利得稅（Capital Gains Tax），股票漲了不用付增資稅（但在美國要付），如果我需要 10 元，我寧願賣股票（台灣不用付資本利

得稅），但是台灣股利付的 10 元是要交稅的。每個國家的股利課稅方式不一樣，對外國人來說，台灣的現金股利必須支付 20% 稅，香港是 10%，美國則是 30%，所以在決定投資前（不只是股票股利），一定要把當地的稅法先研究清楚。

　　還有另一種的投資，那就是債券。債券的主要目的不是讓你賺大錢，而是保本，每年的債券利息主要是應對通貨膨脹，讓你這一部分的錢不會喪失購買力（Purchasing Power）。前面也討論過，如果可以，最好買 A 評等較安全的債券，做一個債券梯，這樣利息雖然會高一些，但每年都有債券到期，如果需要花費，可以不用特別賣債券，用到期的債券就好，也不用管債券基金討厭的按市值計價，讓自己賠錢。如果照這樣做個 5 年的債券梯，也不需要了解所謂的存續期間（Duration）和利率走向，因為如果買債券基金要做很多功課，在不同的利率狀況下要買不同存續期間的基金，比較複雜。我們如果不是專家，就買大盤，或是債券梯，既簡單，又安全。

2. 房地產投資不會有你想像的好，但可以當資產配置的一部分

房地產是台灣人很喜歡的投資方式，很多人可能以為安全，又是可以看到的東西，認為運氣不好，股票很可能變壁紙，但房子再怎麼樣還是會在。關於投資房地產我和美國鳳凰城的一位友人 SC Lin 經常討論，因為我們都是房東，但我有不同的看法。

我自己買房子超過 30 年，發現不一定都賺錢。例如，1997 年我在香港買房子就買在最高點，後來因為特首董建華的公屋政策、亞洲金融風暴、網路泡沫，加上 SARS，我後來竟變成了負資產代表人，被房貸銀行追繳保證金（Margin Call），還參加了生平第一次的香港大遊行，在 2003 年 7 月 1 日穿著黑色衣服在大熱天下走了一下午，就是因為房子變成負資產，心裡憤恨難忍。當然後來房市大漲，包括美國，然後一直到了 2008 年的次級房貸泡沫，房市又大跌，美國還有很多人因付不出房貸，變成負資產，甚至破產。

我不是房地產專家，只是從我個人的經驗和常理來判斷。我在美國當房東的房租回報率並不高，沒有比我投資 Index ETF Fund 好，而且 ETF 不用理它，但是當房東很多雜

事要管，像找租客、催房租、修繕維護等等，都要費心。台北就更慘了，同樣價值房子的房租只有美國的三分之一，最多一半，也就是說，在台灣當房東是更划不來的事。這代表不是台北的房租太低，就是房價太高。大家也知道台灣少子化的問題愈來愈嚴重，好像明年往生的人數就會開始比新生兒多了，也就是說，全台灣的人口會開始減少，如果需求下降，我真的很難看出房價為什麼會漲，很可能會跟日本一樣，尤其當房租這麼低，真的沒必要買，更沒必要當房東。另外，現在很多房東都是第一代，第二代繼承後，不一定還會願意繼續當房東，因為房租的投資報酬率太低了，把房子賣掉買股票賺的更快，或者直接做為生活費，這樣房屋的供需就更不平衡了，變成供給大、需求小，真的還是很難看出房子會漲的原因。

事實上，2017 年我有幸跟諾貝爾獎得主、美國耶魯大學席勒教授（Robert Shiller）在台灣舉辦的論壇中對談，就證實了我的想法無誤。那時席勒教授分享他研究多年、很有名的房地產研究，結論是買房子不是個好投資，最多的回報就是通貨膨脹，也就是只能保本而已（有興趣的讀者可以上網細查）。我自己當房東的經驗也是如此，除非是運氣好，剛好買在低點（像 SARS，但那時你敢買嗎），不是靠租金，

而是靠房價上漲，要不然真的很難賺錢，所以我常跟鳳凰城的朋友 SC Lin 開玩笑，當房東是在做功德。我們自己住的房子有時東西壞了捨不得修，但是房客卻對自己大方得很，壞什麼修什麼，所以我也常跟我母親說，房客過的比房東還爽，我們自己也沒必要省，該修什麼就修什麼。

我覺得中國人買房子主要的目的不是為了投資，而是出於心理因素，就像我希望有一個自己的家，想怎麼裝潢就怎麼裝潢，不用怕被房東趕出去，或是把房貸當成存錢，老了有地方安享天年。這些理由都對，也應該做，但目的都不該是為了賺錢。如果租出去的房屋還有房貸，那賺來的房租基本上都沒了，因為除了維修費用，每年的管理費、保險費、房屋稅等等，都是一筆不小的開銷，如果運氣不好，遇到房子要換屋頂，那一年的房租基本上就泡湯了，在美國房子換冷氣也要花掉好幾個月的房租。在台灣當房東更是划不來的事，因為同樣的房子，美國的租金是台灣的 2 到 3 倍，如果美國不好，台灣就更糟了，所以在台灣當租客很幸福，尤其從財務投資的角度。

當然錢不是全部的考慮，就像前面講的，如果想買自己的家並沒有錯，是為了心理因素，例如安全感等等，不是為了投資回報。當房東也不一定是錯的，有一點像前面談到的

VC 或 PE 投資，如果是財產分散計劃的一部分〔買 REIT（不動產投資信託）也是投資房地產的一種〕，也是可以考慮。就像債券一樣，目的不是賺大錢，而是為了保本，是可以接受的。除非你是地產專家，有空去找低價的交易，或有時間去找法拍的便宜房子，我的經驗是，建議你好好做功課，尤其諾貝爾經濟獎得主席勒教授有多年的數據顯示，投資房地產真的賺的沒有大家想像的多！

3. 風險管理最重要：善用保險、信託和稅務規劃

　　最後，想跟大家談一下如何保護財產。試想，辛苦那麼多年，萬一出什麼意外，讓你的資產一夕不見，實在很不幸，就如同買房子一定要保火險，如果你去問任何投資專家，包括巴菲特，都一定會想如何先不要賠 100 元，而不是賺 100 元。要賺錢前，先要懂得如何不賠錢。在你有足夠錢退休後，一定要想到風險管理，而這也是投資最重要的概念之一。

　　最近看到台灣討論儲蓄險的一些想法，我不是很認同。可能是國情差異，跟買房子一樣，大家喜歡安全的東西，對

投資回報沒那麼在意。因為保險大致上分兩大種，一種是定期壽險（Term Life），是純保險，另一種終身壽險（Whole Life）是一邊保，一邊存錢，所以保費也比較貴〔其他的保險產品，像萬能險（Universal Life）等，基本上是把兩種混在一起〕。我覺得保險一定要有，但是買什麼產品要看需要，而且應該把保險和投資存錢分開，不要混在一起。

譬如，我覺得年輕時應該買定期壽險的人壽保險，像美國就有賣 20 年的，每年保費不變，因為年紀還輕，所以保費便宜，從 30 歲開始買 20 年，可以一直保到 50 歲，在這 20 年萬一不在了，至少有保險賠償金可以養家或提供孩子大學學費。終身壽險所省下的保費可以拿去投資，像買 ETF，減少被保險公司收取管理費。像我現在年過 50 歲，小孩的教育基金也已存到，而我的資產應該也夠家裡開銷，所以我就把所有壽險都停了（如果是資產多的人，可以用壽險規避遺產稅，這個理財方法可以再討論），而將保險換到我現在相對需要的 Long Term Care，也就是長期看護險。以前我對這個不熟，但是看到母親多年前就已經買了，不希望自己造成小孩的麻煩，這確實是個好主意，所以我也買了。我一直覺得保險的目的就是保障萬一發生不幸，像房屋火險、汽車保險、旅遊保險、醫藥健康保險等等。像你可能沒聽過有人

把汽車保險當做投資賺錢，人壽保險其實也是愈單純愈好，就是保自己的壽命，而我現在已經沒這個需要，就可以改成長期看護險。這就是投資的風險管理，付一點保費，寧願少賺一點，也不要被意外搞得傾家蕩產。還有一些其他的工具，像信託、安寧醫療和器官捐贈同意書（如果生病或發生意外還沒往生，但卻無法有意志做決定，可以先跟律師完成這類文件，先做好像拔管、捐贈器官、安養院付費等決定）。

　　總之，在錢已經賺夠、存夠，可以退休後，就要開始做理財、保險、法律方面的規劃。不要太吝嗇，花點錢找個稅務專家、會計師、信託遺產律師或是財務專家，把自己的財產好好規劃（我去年在鳳凰城認識在 New York Life 保險公司服務的鹿先生和自己開業的 YY 陳會計師就是很懂保險財經稅法的專業人士，讓我受益不少），不要讓自己往生或生病無意識時，造成自己或他人困擾，導致必須支付大筆遺產稅（花一筆小規劃費用可以讓你省大錢），甚至造成兒女之間的紛爭，那就非常不值得了。

第 5 章

當打工皇帝，在職場成功

光靠省錢很難達到財務自由

How to succeed at your job to make more money:

Hard to achieve FI by saving alone

♪ *"She works hard for the money."* - Donna Summer ♪

1. 問題不是費用，而是營收：
開源比節流重要，去高薪但你沒聽過的工作

「問題不是費用，而是營收。」這句話是 2010 年巴克萊銀行執行長戴蒙（Bob Diamond），在倫敦我們的全球董事總經理內部會議上說的，也是當時我加入巴克萊的主要原因之一。因為這句話不僅讓我知道老闆的遠見，也是讓公司成功的重要原因，使巴克萊在 2008 年金融海嘯時，不但安然渡過，還有能力買下當時倒閉的雷曼兄弟，重新展開全球證券業務（巴克萊之前只有債券和金融商品方面的業務）。

為什麼這句話會讓員工聽起來很窩心呢？是因為老闆表達出「我對你們完全有信心，你們只管去打仗、衝業務，不要擔心費用的問題。」這也是我覺得鴻海之前成功的主要原因之一，郭台銘只看結果，只要員工能達成業務目標，把 iPhone 新產品做出來就好。但如果失敗，為公司節省再多的費用也沒用，只能提頭來見。這也是我為什麼一直不認同「沒有功勞，也有苦勞」這句話，因為這種沒有責任制的公司，獎懲不分明，只會讓大家更疲勞。

這也讓我對有句話很感冒，那就是 CP 值，因為 CP 值強調的不是 P（Performance，成果），而是 C（Cost，成本），

也就是便宜最重要，能用就好。其實不要錢的最貴，羊毛出在羊身上。我一直覺得台灣一個很大的問題，就是低薪，很可惜這是大部分老闆的觀念。我當然不是說成本不重要，浪費當然不好，節省也是台灣人的美德，但如果什麼都是以降低成本（Cost Down）為主，很多時候就會忽略真正的重點。例如，為什麼外商公司都願意花大錢讓員工坐商務艙到國外出差？絕對不是因為出差費預算太多，而是考慮到效率問題。因為如果在飛機上可以好好休息睡覺，或是準備資料，到了目的地就可以有效率的下機談生意，不會因為疲倦或準備不周而談到不好的價錢或合約。其實多做一筆生意就可以把機票錢賺回來了，而且可能還是好幾張機票。所以在新聞中看到有位市長自誇出國坐經濟艙省錢，只能搖頭，很可能是為了討好選票吧，因為大部分人出國會為了省錢而坐經濟艙。英文有句話 "Penny wise, pound foolish."，也就是因小失大的意思。該花的錢不花，近期可能看不到問題，但是長期問題就來了。

這也是台灣科技業很難從硬體代工轉型到軟體服務。硬體很多都是以成本戰去搶單，但都是賺小錢。軟體是砸大錢僱最好的工程師，但是開發出來就一本萬利了。看看現在全球最大的科技公司，如亞馬遜、Google、臉書、Netflix、微

軟，哪一家不是靠軟體服務呢？就連蘋果，現在 iPhone 賣不好，也往軟體去賺錢了。砍成本雖然可以馬上看到獲利效果，但很可能是殺雞取卵。所以，我當分析師時，看到兩家利潤一樣的公司，會建議大家買營收成長的，而不是砍成本的。

政府也一樣。趙少康大哥曾談到政府的薪資，新加坡和香港都在官員薪資上砸大錢，請來的官員程度當然好。公司也一樣，應該僱用最優秀的人，而不是薪水能省則省，如果低薪帶來太多二流，甚至三流的人才，用做功德或犧牲奉獻的心情工作，行政效率或決策會好嗎？尤其管理一個國家應該比管理一個公司重要而又更複雜。只要看看台灣政府基金的回報率，與新加坡政府差了多少倍，就明顯知道了。

最後再回到我巴克萊銀行前老闆的話，雖然開源節流和興利除弊都很重要，但要開源和興利才有成長和未來，節流和除弊只會讓公司愈做愈小。如果把餅先做大，分配就會簡單很多。畢竟重金之下，必有勇夫。當然這不必然適用在任何人或職位，但是在重要的決策管理層，像國家的元首、市長，或重要的政府高層，就非常重要。記得以前有位高鐵的高薪工程師被罵肥貓，將他解聘不久後，高鐵就出事了。如果目標是看日出，有能力的管理階層會帶大家往東走，而砍

成本的管理階層可能就會帶大家往西走，不管下面的員工多聽話或多努力，結果應該顯而易見。

總之，如果你有辦法開源，在公司裡做對的事，讓自己步步高升，薪水就會直線成長，50 歲前退休應該不是問題，而且會過的很快樂，不用一直省吃儉用。當然如果你願意短期多犧牲一點，40 歲前退休也不難。我會強力建議你至少在 50 歲前要存到 FIRE 的錢，因為社會很現實，公司可以輕易找到一個比你年輕、做同樣事情的年輕人，以你一半的薪水取代你。這雖然不是很公平，在美國甚至會被告，但公司一定會想辦法節省成本，所以我認識很多過了 50 歲的人都很緊張，因為他們知道，如果真的被資遣，年紀愈大，愈難找到工作，所以靠自己最實在，幫自己早一點打造一個安全網。

找高薪而很少聽過的工作

我在投資銀行這麼多年發現一個道理（我前 CSFB 的同事 Alex 教我的），那就是賺錢的人都是偷偷賺，會賺錢的生意通常沒有人會講出來，不僅低調，更不希望有競爭者進來分一杯羹。而大家聽過的高薪工作，被報導的更是少之又

少，而且有時就算被報導，看懂的人也不多。這就是前面說的「學生準備好了，老師才會出現」，而多數學生都搞不清楚狀況，或者知道了也不敢去做，怕東怕西。當然，人各有志，只有你自己可以決定什麼才是對你最好，不是每一個人都適合像我這麼積極，但如果你真的很重視工作發展，希望擁有高薪，就建議你好好考慮以下的一些資訊。

通常在一家公司工作領薪水，如果升到高層，像蘋果的庫克（Tim Cook）或台積電的張忠謀，雖然他們也是打工仔（企業經理人），但他們每年拿的股票卻是很可觀。問題是每家公司就一個董事長和總經理，加上幾個資深副總，能拿高額的股票分紅的人並不多。但是下面介紹的，如投資銀行，每個人的薪水都不錯，高薪的機會比一般公司高很多。例如，台積電年薪超過千萬的人可能有上百位，但普通的投資銀行年薪超過千萬的可能就有上千位（在公司人數相當的情況下，機會就大很多）。

接下來就跟大家介紹一些高薪而不太為人所知的工作。當然一定有連我也不知道的高薪工作，新工作也會一直出來（像 AI），這裡提出的有些是我經歷過的，希望對大家有所幫助。不過也要先提醒大家，每次去應徵工作我都會說，薪水固然重要，但只能排在前三位，不是第一要因。更重要的

是，好的老闆、同事、環境、工作內容和客戶這些看不到的因素。我相信你只要找到這些好的因素（像行業和公司），如果表現好，薪水自然水漲船高，如果薪水沒有漲，也會有同業來挖你，所以不用擔心。

念一個好的 MBA 如同給你一張入場券

不管你大學念什麼（當然如果能念個專業更好，像所謂的 STEM：科學、科技、工程和數學），如果能再念一個 MBA，而且最好是全球（或全美）排名前 10 到 20 名的 MBA，會對你幫助很大。這在我 20 年前 MBA 畢業時還不是很多人知道，但現在已是大家都知道的事，所以現在要進好學校愈來愈難，申請的人愈來愈多。以前可以不用工作經驗，或是只要 1 到 2 年經驗就可以申請，但現在平均可能要 5 年的職場經驗。

理由是全世界的頂尖投資銀行（像高盛）或管理顧問公司（像麥肯錫）只會到最好的商學院徵才，如果你不是這些學校的 MBA，高薪的工作機會就少很多，而且很多高薪工作你可能聽都沒聽過。這些公司的員工或高階主管大部分都是同一所 MBA 畢業，大家當然會喜歡僱用學弟學妹。

我比較不建議讀 EMBA，也就是 Part-Time 或週末的 MBA，因為我也念過一年，真的很難。當然必須看你的目的和需要，如果你只是要個學位，或是去認識新朋友，那也無可厚非。因為如果你一邊上班，一邊念書，很可能兩個都做不好。有一點像半工半讀，當然有時會因為經濟因素，不得不打工，或者無法不上班賺錢，甚至是公司出錢要你進修，都可以理解。但如果是每星期有 80 小時上課念書的人，與需要花 40 小時上班，40 小時上課的人相比，你覺得誰會比較有優勢？而且這 2 年的 MBA 經驗不光是上課拿學位，還要跟同學互相學習，參加很多不同的學校活動，學到各種無形能力。更重要的是，很多人想藉此轉行，像我從科技業轉到金融業，若只是念個學位很難做到這些事。所以，當初我毅然放棄在 IBM 和埃森哲鐵飯碗的工作去念 MBA（還好有母親幫我付學費，但若得借錢也值得），對我之後的發展幫助非常大。在 MBA 如果真有學到東西，基本上不會忘記，不像我遇過有些人 6 月畢業，9 月應徵時就已經忘了所學（這是真的發生好幾次的故事）。

　　我在芝加哥大學的 MBA 學到一個重要名詞：Information Asymmetry，意思是資訊不對稱。最近跟美國鳳凰城的一個朋友 Wilson 吃飯，剛好聊到這個情形，他說台積

電以前只應徵台灣四所大學的學生，另外很多商學院的學生畢業後若不知道做什麼好，就看學姊長誰混的好，就去誰的公司應徵，而這些學姊長大部分也都喜歡僱用學弟學妹。所以念一流的 MBA 會讓你知道別人不知道的訊息，形成不公平的競爭。像下面介紹的一些工作連我 1996 年在芝加哥大學念 MBA 時都很少聽過，但哈佛、麻省理工學院或紐約大學的人，都很了解真正高薪的工作，我卻繞了一大圈才進入這些工作，但我已經太老了，只好希望兒女可以早點知道。

到管理顧問公司工作 2 到 3 年

念 MBA 的一個好處是，可以接觸到以前從來沒聽過的工作，像我一位優秀又聰明的鳳凰城朋友（電機系博士）SC Lin 所說的，隔行如隔山，如果你連那些公司都沒聽說過，那要找到這些工作就是天方夜譚。

我 20 多年前念 MBA 以前也沒聽過，美國一流的管理顧問公司其中前五大，包括麥肯錫（McKinsey）、波士頓顧問公司（Boston Consulting Group，BCG）、貝恩（Bain & Company）、科爾尼（A.T. Kearney）、博思艾倫哈密爾頓（Booz Allen Hamilton），現在很多人都聽過麥肯錫，而我之

前也在科爾尼服務過。那位被美國通緝、洩漏情報的史諾登（Edward Snowden），也曾在博思艾倫哈密爾頓工作過。

這五家一流的管理顧問公司是以策略顧問為主，而其他的大型管理顧問公司雖然也會做些策略規劃，但是比較注重科技和業務流程，基本上四大會計公司都有這樣的業務（我畢業時是八大，後來合併變六大，然後又一家一家被合併，就變成今天的四大），包括勤業眾信（Deloitte）、資誠（PWC）、安永（Ernst & Young）及安侯建業（KPMG）。在我做過的 15 份工作裡，讓我學到最多的就是安達信顧問公司（Andersen Consulting），因為生意做的太好了，比總公司還賺錢，後來就跟安達信分家，改名為埃森哲（Accenture），也為此付了一大筆分家費。也還好先分家了，所以後來沒有受到安達信倒閉影響（因為安隆案的關係）。管理顧問這行以前沒什麼人知道，像我大學畢業後、埃森哲第一次聘僱我時，我還傻傻地拒絕，還好後來我有第二次機會再回去（我的前一本書《改變的勇氣》，有詳細討論那時的經歷）。

為什麼我會推薦去管理顧問公司做個 2 到 3 年呢？除了薪水高之外（當時大部分的人在埃森哲每星期上班 80 小時，薪水就多一倍；但大部分像 IBM 這類公司並不會付加班費），最重要的是可以學到好的工作習慣，這對我一輩子幫

助極大。可能是因為以前 IBM 太賺錢了，很多同事都已經做了 10 到 30 年，年紀大約都是 30 到 50 歲左右，人都很好，卻都缺乏企圖心。不敢說他們懶散，但都沒什麼衝勁，有一點像吃高薪的大鍋飯，所以後來就被新創的科技公司，像英特爾、微軟、諾基亞、摩托羅拉及雅虎超越了，而現在這些公司也又很快被還更新的科技公司，像蘋果、Google、Facebook、Amazon 等企業趕上，還好微軟換了一位印度 CEO，才扭轉頹勢。因為在競爭的產業裡，基本上不進則退。

很多顧問公司，尤其是埃森哲，都是僱用 20 歲出頭大學或 MBA 剛畢業的年輕人，一個比一個聰明，一個比一個積極（最近聽到一句話：「世界上最可怕的事就是，比你聰明的人，比你還努力、還認真」，而這就是埃森哲），創造了正向的競爭環境，大家一起進步，沒有人敢懶散，因為採取的是 Up or Out 的管理方式，也就是每 2 到 4 年就一定會被晉升，要不然就請你走路，像金字塔一樣，所以能存活超過 3 到 5 年（有點像投資銀行）的人都很不簡單。很多人（包括我在內），都是想進去拿幾年的經驗，晉升一級，證明自己的實力，再考慮轉行，因為如果工作這麼辛苦，在別的行業可以賺更多（我以前不知道，也走了冤枉路）。當然

薪水不是唯一的考量，有些人是因為喜歡管理顧問這個行業，可以常接觸到新行業的客戶，十幾年下來累積了很好的成績。

除了養成良好的工作習慣外，另外一個很大的優勢就是 Exposure and Visibility，也就是可以增長見識和視野。試想，如果是 20 多歲剛大學或 MBA 畢業的小毛頭，在普通公司裡可能就是坐在小辦公桌打打雜，可是如果當管理顧問，就一定要常跟客戶開會報告，很多時候還得直接面對上市公司的財務長和執行長，加上常要出差，全球跑透透，可以加快學習和成熟的速度。尤其每個案子都不一樣，像我 3 年當中就接觸了醫藥零售業（如屈臣氏類）、芝加哥知名銀行（電腦系統）、全美前五大百貨公司零售採購、全球運輸快遞、日本前五大汽車公司、香港醫藥公司和中國啤酒市場的競爭策略，如此多樣的經驗是一個 20 多歲的菜鳥在一般公司工作不可能學到、看到的，也幫我後來分析師的生涯打下很好的基礎。

投資銀行

這個行業在 20 多年前也不是很多人知道，甚至 1996 年

我 MBA 畢業時，高盛第一次聘僱我時，我還很傻的拒絕（還好 2000 年時又有第二次機會）。投資銀行其實很複雜，因為當中有很多部門，採行的又是精兵策略，薪水高，但人也少。像前面提到的，高薪工作沒有人會大肆宣傳，都要靠自己認識人，了解其中，加上運氣好才進得去，因為一個蘿蔔一個坑，不是你優不優秀，而是有沒有空缺。大家可能知道我是分析師，都是在股票交易部（Equity, Sales and Trading），其實更賺錢的是投資銀行部門（IBD, Investment Banking Division），主要是做 IPO 上市和併購的業務。例如，通常美國 NYSE 的 IPO 的新股發行額大約是 2 億美元，市場慣例收費 7% 的承銷費用，所以一個案子可以收取 1,400 萬美元，如果一年能做幾個案子，尤其是像臉書或 Uber 這樣的大案子，那你可以算一下公司能賺多少錢，當然你年底收到的紅利也不會少。大家可能知道投資銀行的底薪不錯，事實上他們年底的紅利不是用月，而是用年算的，這也是為什麼很多人念 MBA 就是為了進這一行。其他的部門包括債券部（Fixed Income）、商品部（Commodity）、外匯部（Currency）、自營交易部（Prop Trading）、私人銀行部（Private Banking），甚至是後勤（Back Office），薪水也都不錯。但如果你想知道確切的數字，建議你和在獵人頭公司

上班的人交朋友，也許他們會給你實際的數字。

對沖基金（Hedge Fund）

這個以前也是個神祕行業，連我也是進了投資銀行快 10 年後才聽說。前面提到的瑞・達利歐，因為他是哈佛畢業的，很多資訊只有他們知道，所以他在 1975 年創辦了橋水基金，現在管理的基金高達 1,250 億美元，應該是世界上最大的對沖基金，下面是我自己親身經歷的一件事。

2002 年科技泡沫後，股市開始上漲，那時我很多花旗的同事都跳槽到客戶的公司（從 Sell-Side，轉到買方 Buy-Side）。買方以前大部分都是普通的長期基金（像 Fidelity，所謂的 Long Only），就是只買股票，希望可以漲，不能放空股票。後來我們紐約辦公室的一個印度股票銷售同事 Rajesh，在 2004 年離開花旗，加入一家對沖基金，後來也變成了我們的客戶。記得有一次我跟花旗的同事 Dale Gai 一起去拜訪 Rajesh，跟他報告股票狀況，那時是 12 月，他的公司剛發年底紅利獎金，Rajesh 聽我們報告時，一直想笑，但沒笑出來，最後還是忍不住大笑起來。因為和他很熟，我就問他怎麼回事，他說他剛進來開會前才拿到今年的紅利。我

一聽當然就知道怎麼回事，Dale 卻一頭霧水，開完會後我就跟 Dale 解釋，因為股市可漲可跌，如果抓的準，有時放空到下跌的股票，可能賺的更多，所以對沖基金可以賺更多的錢，但收費也比較高。如果是做多，基金的收費大約是1%，對沖基金大約是收費 2/20，也就是 2% 的管理費，如果賺錢，就可以收到 20% 的獲利。因為他們錢賺的多，在這麼高的費用後，投資人的回報還是很高，所以才有人願意放錢進去。大部分的對沖基金（不是剛開始的小公司）基本上都有 10 億美元的資產（像現在的獨角獸也是用這個做為標準），包括 Rajesh 的基金，如果 10 億乘以 2%，也就是每年的基本開銷預算就有 2,000 萬美元，而這樣公司只有 5 到 10人，所以很好花。

但是更可觀的是獲利分紅。像 2006 年，光是 S&P 平均回報就有 16%（2009 年是 26%，2013 年是 32%，2017 年是22%），非常可觀。因為對沖基金的表現通常會比大盤好（因為可以放空股票，也可以做槓桿），如果抓個 20%，那就是 10 億的基金可以賺 2 億，20% 的績效獎金就是 4,000 萬美元，他的公司就 2 個合夥人來分，再怎麼樣，一個人也有8 位數吧？這不是天方夜譚，而是發生在 2006 年的 2 年前，還是比我們職位還低的花旗前同事（我還知道他有聽我的建

議買鴻海，所以基金應該不只賺到20%）。後來我有一點後悔跟Dale解釋的這麼清楚，因為他自己也在2008年跳槽到對沖基金。

私募基金和創投基金

後來在金融業久了，才發現最隱密，可以賺最多的就是私募基金（Private Equity Fund）。私募基金和創投基金（Venture Capital）性質其實差不多。剛創立、還沒有營收的企業（可能只有新公司的想法）的投資者通常叫天使（或有人成立天使基金），等這個公司開始慢慢有營收，最好有些營利後，就會有創投基金入股，也就是常聽到的A Round、B Round等募資階段。在最後快要IPO上市前，或是上市後，私募基金就會來投資。當然如果分的更細的話，還有像收購基金（Buyout Fund）等更專門的基金，有興趣的人可以進一步研究。一般人都聽過像高盛、摩根、花旗、巴克萊等投資銀行，但是因為私募基金這些行業比較隱密，所以較少人知道，像KKR、凱雷（Carlyle，因為在台灣買下東森電視的關係，有點曝光）、黑石集團（Blackstone）、CVC、TPG、貝恩資本（Bain Capital）、華平投資集團（Warburg

Pincus）等等。今年因為郭台銘和孫正義的關係，很多人可能都聽過 Vision Fund 了，也就是願景基金。孫正義在台灣的演講中提到，20 年每年的投資回報可以超過 44%。這個行業的商業模式和對沖基金很像，也是收費 2/20，即 2% 年管理費和 20% 績效獎金。雖然有點高，但是如同對沖基金，付高額的管理費後的回報還是比普通的基金好（更不用提台灣的四大基金了），所以還是很多人願意投入〔這也不是什麼人都可以投的，有個門檻叫合格投資人（Accredited Investor）〕。像孫正義的願景基金總額是 1,000 億美元，每年回報高達 44%，那他們可以賺多少錢，你自己就算得出來。

　　因為最近我的一位朋友剛好新開了一個不小的私募基金，請我幫他找適合的人選加入，我接觸了幾個朋友後，忽然想到以前經歷的小故事，跟現在碰到的狀況相似。2004、2005 年左右，我在花旗上班時，我跟同事 Dale 想找一個新的分析師加入我們的科技研究團隊。最理想的人選是科技和財經都懂，英文好當然是基本，只是這樣的人不好找。次要的選擇是找科技工程師，我們教他財經會計，或是找有財經會計背景的人教他科技。因為我知道學科技比財經難，所以就先從科技公司找起，後來也在 HTC 找到一位很適合的 M 先生。只可惜 M 先生不知道這個機會難得（也不能怪他，

畢竟隔行如隔山），因為通常我們這行是一個蘿蔔一個坑（投資銀行、私募基金、對沖基金都一樣，因為薪水高，團隊不會養太多人），每次登報找基層助理，都會收到幾百封履歷，我會從中挑出 10 位面試，最後選出一位。而我們請 M 先生來不是當基層助理，而是直接當分析師，這種跳級的機會少之又少，跟中獎差不多，因為很多人好不容易進了投資銀行，想晉升分析師都不一定有機會，只因為沒缺。可惜這位 M 先生想東想西，猶豫不決，最重要的是不夠積極，有一點像我 1996 年 MBA 畢業時搞不清楚狀況一樣，回絕了高盛，當時高盛一點也不介意，因為在我後面排隊的人一大堆，你不珍惜這難得的機會，別人馬上會去搶（你又不是賈伯斯，跟你一樣優秀的人一大堆）。幾年後這位 M 先生想再加入我們的團隊，可惜時機已過，我們也沒缺了。我不是在批評他，只是分享實際遇到的狀況，因為我自己也犯過同樣的錯誤。

這種例子其實不少，像我的 MBA 同學 Andrew 也跟我說過，2000 年初科技股大紅時，台灣很難找到科技股票的分析師（所以 1999 年我運氣好才進了這行），跟 M 先生一樣，因為找不到人，他們願意找只有科技背景的工程師，然後花時間投資在他們身上，教他們如何分析股票（我們也知道 1

到 2 年後他們很可能被高薪挖角，因為我們都是這樣過來的）。後來 Andrew 到美國找到一位台灣的半導體博士，願意給他機會。但是這個博士搞不清楚狀況，怕東怕西，也錯過這個難得的機會（後來我發現，書念的愈多，考慮愈多，怕的也愈多，所以通常不太敢冒險，不像有些人學歷普通，想自己爛命一條，沒什麼好怕的，就敢大膽嘗試）。當然我不是說在美國科技公司上班不好，工作穩定，薪水也夠花，但如果你有興趣更上一層樓，找到有幾十倍薪水潛力的工作，不去試試實在有點可惜。我也不是說哪種工作一定好，也不是說薪水多幾十倍一定好，畢竟人各有志。可是，如果你不滿足現狀，想換跑道，當有人給你機會時，至少就應該要積極一點，好好了解，運用這個機會。除非你是諸葛亮，而找你的人是劉備，才會有人三顧茅廬一直找你。這也是後面會提到的 Skin in the Game（切膚之痛）的一種，劉備需要諸葛亮，諸葛亮才會故意逼劉備來三次，測試劉備心裡真正的想法，看看自己對劉備到底有多重要。但是在投資銀行或私募基金裡，厲害的小諸葛亮一大堆，而有錢開基金可以僱人的小劉備卻不多。如同我一直強調的，人各有志，如果你不想出山，滿足現在的工作，當然不用浪費時間，也恭喜你不用換工作。但是如果你想更上一層樓，那就要積極一點

（像前面說的做事主動，因為這是你的工作、你的未來，不是老闆的），不是等老闆來求你。又例如，2002年初，我收到芝加哥大學一位大學部學弟（還不是MBA）Alvin的來信。或許因為他是香港人，所以知道分析師是高薪、但很難擠進的行業，於是就寫信給我，表示他願意暑假回香港幫我免費打工，為的就是要累積這個經驗。我猜他可能也寄信給好幾家銀行，我被他的積極所感動（因為我根本不知道他是誰，也沒見過面），就給他在瑞士信貸的第一份工作，後來他在這行果然愈做愈好，還在大通摩根取代了當時知名的印度科技分析師夏鮑文（也是我MBA同學），當了科技研究部的主管，我也很替他高興。在這個行業，大家都是搶破頭擠進來，像Alvin不僅了解狀況，也夠積極，成功當然也會屬於他。

如同前面提到的，通常會賺錢的工作都是默默進行，很少人會像我一樣分享出來，讓人知道高薪而少有所聞的行業。當然不是每個人都適合這些高薪、高門檻、高競爭的工作，一切取決在你，因為如果學生沒準備好，老師來了也沒用。即使我已經大方分享，可能還是有很多人看不懂，也不想懂，不去研究，或是覺得這些都是別人才做得到的，自己沒有能力。這就像吸引力法則說的，你覺得可以或不可以，

都是對的。如果你不去試，怎麼知道自己做不來呢？我一直強調，人各有志，我講的狀況或建議，不一定適合你。但如果你會看這本書，應該就是希望有些改變吧？有句話也說，「成功（或者好運）是準備加上機會」，如果你沒準備好（包括要做一些犧牲，像我放棄穩定的 IBM 工作去念 MBA 轉行），機會來了你也不會把握，怕東怕西（也許你根本沒有下定決心換工作，只是隨便想想，可有可無），或者真的給你做了，也做的亂七八糟（像很多政治人物上台後做的亂七八糟，因為德不配位），浪費了大好機會，那真的很可惜。人生很短，與其在觀眾席上看別人比賽，為什麼不自己下去比賽看看，搞不好你就真的一炮而紅，不試怎麼會知道呢？

2. 賺大錢不需要自己當老闆，但要知道職場規則

很多人覺得開公司當老闆才能賺大錢，或是看到很多人因炒房而致富，像川普，就以為只能如此。當然如果你很有興趣，有這種個性，能像郭台銘這樣有衝勁、有勇氣，不怕辛苦或失敗去創業，那恭喜你，因為這樣的人不多，因為當

過老闆的人都可以告訴你，這真的很辛苦。

我可能比較保守，做事步步為營，不適合大起大落，所以決定先打工。因為我們家以前在美國是開餐廳的，所以知道開餐廳當老闆雖然可以賺小錢，生活穩定，但很辛苦，而且基本上每天有 12 到 14 小時必須綁在餐廳裡，沒什麼時間彈性，放假也很難去旅行，可能一年就聖誕節一次。以前常開自己玩笑，開餐廳很容易存錢，因為根本沒時間出去花錢。後來畢竟自己拿了兩個碩士，也念了博士班，所以決定先學些經驗、存錢，這樣如果以後自己要開公司，至少有些經驗和資金。

前面有提到一個存錢目標：如果你月入 10 萬元，但每月只花 8 萬元，存 2 萬元，也就是存到 20%，用錢鬍子先生的算法，你工作 37 年就可以退休了（每月 8 萬元花到掛），如果 25 歲進入職場，那就是 62 歲退休（我想大部分的人沒特別提前計劃，就是跟隨這個方式）。但是如果你可以月入 20 萬元，還是每月花 8 萬元，就可以存 12 萬元，也就是 60%，這樣你工作 12 年就可以退休（還是一樣每月 8 萬元花到掛）。如果你 25 歲進入職場，表示你 37 歲就財務自由了，有下一個 50 年可以天天做自己想做的事情。如果還是一樣的月賺 20 萬元，但是存款率從 60% 稍降到 40%，這樣可以

每月花 60%，也就是多花些，從花 8 萬元增加到月花 12 萬元（然後每月 12 萬元一路花到掛），那 40% 的存款率就可以讓自己工作 22 年後退休，從 25 歲工作到 47 歲，這樣也不壞（這跟我有點像，因為我 48 歲退休）。我會比較建議，雖然多存錢是好事，早退休也不錯，但是如果可以多花點錢，不要什麼都那麼省，在一路存錢的過程，仍能過得舒舒服服，豈不是更好嗎？如果退休後每月可以有 12 萬元的退休金（比之前討論的 8 萬元多點閒錢），在 47 歲左右退休，這樣不但可以一直舒適的過一輩子，而且有多一點閒錢可以到處旅行、環遊世界或是應對緊急的情況，像醫療費用，不是更棒嗎？當然賺少多存也可以，像賺 10 萬元存 4 萬元，存款率 40%，只花 6 萬，也一樣工作 22 年退休，從 25 歲工作到 47 歲，但我寧願退休後過每月 12 萬元的生活，而不是只有 6 萬元。

不過，你可能會問，月賺 20 萬元有可能嗎？其實一點也不難，如果你目前沒有，就是你現在應該努力的目標了。例如，我在 1989 年美國大學畢業的平均薪水是年薪 37,000 美元（約台幣月薪 92,000 元），現在美國電機系大學畢業平均年薪可以到 77,000 美元（約台幣月薪 192,000 元），而在美國西岸，像舊金山或西雅圖，雖然生活費可能高一點，大

學畢業起薪年薪 100,000 美元以上的工作比比皆是（約台幣月薪 250,000 元），這些還是完全沒有工作經驗的大學畢業新鮮人的薪水，未來有些經驗，甚至跳槽一、兩次後，薪水就更不用說了，所以月賺台幣 20 萬元當然不是不可能的事，因為這只是年薪 8 萬美元而已。像我前面公布的高薪投資銀行或私募基金，薪水更是高出好幾倍。

但你可能會說，台灣都是 22K 或 28K 起薪，該怎麼辦？我當然不是鼓勵你一定要出國工作，可是試想，如果你在著火的船上，或你是溫水中的青蛙，而你什麼事情都不去改變，只會抱怨，那下場又能怪誰呢？所以前面我也有說，最重要的習慣是行動。我自己就是一個例子，只要你在公司表現良好，月薪台幣 20 萬元真的不難，本土企業不行，就去外商公司，此處不養爺，自有養爺處。下面是你在職場必須知道的一些事實（有些很現實，也很殘酷），接下來我會告訴你職場必須養成的習慣和能力，好讓你可以在公司步步高升：

職場需知 1：薪水重要，但公司更重要。尤其你還年輕時，你要的是資歷，因為錢可以慢慢賺，年輕人有的是時間。我第一份工作進了一家大公司 AT&T，有了這個經驗以後，找工作就很容易了，所以我一路上都是在大公司工作，

不僅資源多，也讓我有機會學習，見識世面，提升自己的價值。當然我也犯過不少錯誤，就像芝加哥大學 MBA 畢業後，我竟然為了一些小錢放棄了高盛，那時不懂，又沒有高人指點，所以走了一些冤枉路，還好後來運氣好，還能回到高盛，算是上了寶貴的一課。

職場需知 2：學歷雖重要，但只是敲門磚。當然有個漂亮的履歷對找工作一定有幫助，但從你進公司的第一天之後，它就不重要了，因為公司要的是你的表現，看你對公司有什麼貢獻，而不是你是什麼名校畢業，因為這只代表你的過去或潛力，不是未來的成績。

職場需知 3：What have you done for me lately? 也就是你最近的表現如何？這對銷售工作最明顯，但其他職位也一樣，不管你去年幫公司做了多少事，今年全部從零開始，沒有表現，可能位子就不保，因為有很多人比你年輕，也比你便宜，想坐你的位子。沒有功勞，苦勞絕對不值錢。

職場需知 4：老闆高興最重要，做到老闆要的東西，學習向上管理。我當然不是鼓勵你拍馬屁，或是要你犯法，不過很殘酷的事實是，很多人真是靠這招升官發財。因為我拍馬屁的技術很差，膽子也小，不敢犯法，只能靠成績和表現。因為只要你做的好，也沒威脅到老闆，老闆都很願意幫

你，包括升官加薪，因為這也是幫他自己。

那要如何得到老闆的賞識呢？簡單說，就是達到他的期待，如同英文常講的 Manage Expectations，而且最好是能超越期待，而且愈多愈好。最簡單的比喻是如果老闆希望你每天八點準時上班，你就七點半去，如果老闆期待你上班 8 小時，你就做 9 小時，這也是最容易做到的。

比較難做到的是如何讓老闆滿意，這確實需要一些功力，因為每個人的想法都不一樣，標準也不同，尤其愈厲害的老闆，要求愈高（你覺得幫郭台銘做事容易嗎？），但是有一些技巧可以幫助你。

第一，老闆吩咐下來的事，如果不是百分之百了解，一定要馬上當場問，因為如果你不問，老闆一定以為你都了解，之後如果出問題，就是你的錯。最好的方法是，當面馬上再重複確認，或是回位子上寫下備忘錄（最好是 Email 給老闆，寫的要有技巧，像是 Double Check，不是查帳的感覺），這樣最保險，即使老闆沒回你 Email，也表示他默認了，以後出事這就是你的護身符。因為空口無憑，而且有的老闆真的會忘記或搞錯，也許不是故意的，但倒楣的一定是你。之前美國的川普和 FBI 局長柯米（James Comey）互相指責，也牽扯到了法律問題，連柯米到國會出席做證也說他

每次跟川普開完會後，就會寫下會議備忘錄，這除了幫他自己正確記得討論過的事（有一點像寫日記），更重要的是，這是他的保命符，這次國會上聽證就剛好可以拿出來用。

跟老闆確認清楚後，下一步就是執行。如果在做事期間有問題，一定要趕快去問，最怕的是浪費時間空轉。能自己解決或請教同事當然最好，如果不行，就要趕快回去問老闆。最好沒事不要煩老闆，但你應該跟老闆有定期會議，例如每星期一次，即使是只有 15 到 30 分鐘也好，可以讓雙方有共識（On the Same Page），如果有問題馬上提出改進，這樣也可以讓老闆知道你的方向沒錯。最怕的是你的方向錯了，浪費你的寶貴時間，或是老闆以為你沒問題，結果在交差時才發現完全錯誤，那就太遲了，也可能完了。

如果我是老闆或主管，我會更積極，反過來做，因為我的目的是要確定事情做好，所以我會主動每星期開會，看看大家的表現和行程，最重要的不是盯員工，而是主動幫忙他們解決問題，或是指出他們可能沒看到的潛在問題。如果我的團隊成員會主動來找我做這些事情，絕對是大大加分，會讓我另眼相待，這對你一定是好事。但無論如何，我不會Micro-Manage（微管理），天天問進度或現在在做什麼，因為我最討厭這種老闆。我的方法是 MBO，也就是 Manage

By Objectives，只要你把目標在時間內做好，定期讓我知道進度，我是不會煩你的。

職場需知 5：老闆高興還是最重要，所以要再重複一次。除了做到他要你做的，如果你能建議更好的方案，或是想到該做還沒做的，更是大大加分。很重要的是雙方多溝通，Keep him in the loop（隨時讓老闆知道進展），最怕的就是驚喜，不管是正面，還是負面的驚喜，因為你認為的正面驚喜對老闆來講不一定是好事。

台灣政府常會看到雞犬升天，就是如果老闆喜歡你，他升官了，你也會一起升職。當然跟對老闆很重要，但有時候要碰運氣，因為你不知道他哪天會當總統或部長，但是如果老闆不喜歡你，他升官對你也沒幫助。如果老闆喜歡你，你做什麼事他都會正面解讀（有一點像情人眼裡出西施）。如果老闆不喜歡你，就會先負面解讀，這樣你工作就很累了。

職場需知 6：要建立自己的公信力（Reputation）。讓大家，尤其是老闆，覺得你是可靠的人，什麼事交到你手上，就會 Consider it done，也就是一定沒問題。其實建立公信力就是說話算話，最簡單的就是準時，這其實也是最廉價的信用，不用這招真的很笨。跟我熟的人都知道我最恨遲到的人。如果你是我的老闆或客戶，那我只好認了。但是如果

我是老闆，尤其是在應徵人時，如果你遲到，那就後果自負了。試想如果那麼簡單的事你都無法做到，我還敢把其他的事交給你嗎？職場中最怕一點責任心都沒有的人，當然也不用每一件事都如此認真，這樣的人也不適合一起做大事，只適合當朋友，也不是壞事。

在職場上常會看到愛吹牛的人，我有時也不解，因為大家也不是笨蛋，難道騙人一次後，還會有第二次嗎？這我是跟前美國總統雷根學的：Trust, but verify（要信任，但也要查證），也就是我很樂意給你第一次信任的機會，但是如果騙我，就沒有第二次了。若是承諾真的無法達成，早一點通知，尋求了解或原諒，我想多數人都可以接受。最糟的是撒手不管，一走了之，俗稱拆爛屋，這樣也不會有第二次。美國有一句話 "Fool me once shame on you, fool me twice shame on me."，意思是被騙第一次是騙子的錯，但被同一個人騙第二次，就是你自己的問題。相信我，老闆的記性很好，不然他也當不上老闆。

假設你有好的公信力，如果公司有重要的事，第一個就會想到你，你不但會有很多表現、曝光的機會，若有升遷，老闆一定會想到你，或是容易被同業高薪挖角，在競爭激烈的現在，好人才大家都搶著要，如果我要開公司徵才，也會

先挖角以前優秀的同事。

職場需知 7：Raise Your Standard，也就是提高你的標準。 這聽起來好像是廢話，但卻很重要。比喬登更早出道的 NBA 籃球巨星 J 博士，就是這樣。有一次一位白目的記者問 J 博士，為什麼你的運氣這麼好，上天給你如此特別的籃球天分，J 博士回答說，他成功的原因是他的標準比別人期待的都高，所以他練習的時間也永遠比別人久，成績自然比別人好（喬登也是一樣的想法）。你想想，如果你的標準比老闆期待的還高，萬一沒達到，成績也還是很好。如果你的業績永遠是公司前 10%，那公司再怎麼裁員，也跟你沒關係。

職場需知 8：Act as If（or Fake Till You Make It），也就是現在做的，要跟你想要變成的一樣。 我記得我剛加入 IBM 時，常常煩著老闆，問他我要做多久才能升上下一階，因為那時我很想升到經理，管一個部門，我那時的老闆 Eric 就跟我說了這個道理：基本上，如果你已經表現出下一階的程度，那升你是遲早的事。為什麼呢？當一個人被升到一個位子，通常代表他現在做得不錯，所以大老闆對他有信心，覺得下個位子他應該也可以勝任。問題是，這是拿舊職位的表現來預測新職位的表現，所以未知數很大，是在賭這個人的潛力。但是，如果你 Act as If，也就是雖然你還沒有坐上

這個新位子，但你現在做的基本上已經跟新位子一樣好了，那下一個缺就順理成章非你莫屬。每天 Act as If，或許連你自己也以為你已經被晉升了，覺得自己已經是經理了。這也跟吸引力法則有關（第七章會細談），因為如果你每天不只是想想，而是已經在做，那你想達成的，不管是新職位，甚至是減肥或戒菸，不久都一定會達成。

職場需知 9：做好向下管理。之前講管理老闆的重要性，那是向上管理。向下管理也很重要，也就是如何管理同事和團隊。基本上要多溝通，定期問團隊成員的想法，包括以後的職場規劃和目標，因為如果你可以幫助他們，讓他們有機會成長，那他們也會願意留下，而且表現得更好。薪水雖然重要，但通常不是換工作的第一考量，如果能滿足團隊對薪水以外的期待，就能創造出更好的團隊。

3. 職場成功必須具備的能力

了解了職場的實態、殘酷的現實和該做的事之後，下一步就要加強你的職場能力，尤其是以下幾項能力：

職場能力 1：要能言善道，也要會察言觀色。書寫對台灣人通常不是問題，但說話就不一定了，尤其是 Public

Speaking，也就是公眾講話，不一定是演講，而是日常中跟老闆或同事談事情，要能簡單扼要地表達、讓人一聽就懂，不會誤解。像如果我和別人約時間，我通常會把日期和星期幾一起講，避免可能的錯誤。畢竟可能發生的錯誤太多了，能避免就要事先避免。

開會報告和演講也很重要。我在台灣的電視上看到很多政府高官和企業老闆，如果沒有稿子念或是臨場回答記者問題時，講話就會結結巴巴，讓人聽起來很痛苦。這在國外完全不行，基本上大部分的美國人從小就被訓練良好的表達能力。像我也是為了學好演講，參加了 Toastmasters International 這個遍及全球的非營利組織，學習公眾講話的能力，改善不必要的壞習慣。前面也提到，在美國的中國人資質不比印度人差，但是印度人就是會講話，所以美國的州長、前 500 大企業和大學的校長或系主任，很多都是印度人。你可以上 YouTube 看美國政治人物選舉時的演說，從雷根、川普到希拉蕊，都是辯才無礙，完全不看講稿。

另外，必須具備察言觀色的能力，也就是要能觀察對方的反應。有些人自己講的很爽，但是對方可能完全聽不懂，這時就應該講慢一點，或是問個問題、換個說法看看可不可以解釋的更清楚一點。重點在於確認對方有沒有興趣聽下

去，如果沒有，就要換個話題。畢竟你講話的目的是要對方了解你在講什麼，甚至可以同意你的觀點，而不是講完交差了事。

職場能力 2：要會寫。當然每個人寫中文都不是問題，但能寫的簡單扼要，清楚易讀，就不一定了。美國普渡大學都會強迫工程系的大一學生，一定要修演講課和作文課，確保寫文章時至少文法正確，條理清楚。很多工程師或科學家雖然聰明，但每次寫文章都是長篇大論，讓人看不懂。我在公司寫文件或備忘錄最多一頁，而且愈短愈好，因為老闆沒空看，也會看得不耐煩。最好是用標題先講重點或結論，跟報紙、雜誌一樣，讓對方可以一目瞭然，再決定要不要繼續看下面的細節。

職場能力 3：英文要好，最好聽說讀寫都擅長。容我說句實話，很多台灣人的英文程度真的不好，電視上常會出現錯誤的英文字，而且還不是普通的節目。有一次我看到一個國際新聞節目，把 Bird Flu 寫成 Bird Food，於是禽流感就變成鳥食。還有一次有個節目在討論台灣英文程度的問題，結果節目中出現的英文字幕也都拼錯，真是令人啼笑皆非。現在因為有 Google，很多用功的小編基本上都會去查單字，但我發現，雖然字沒拼錯，但因為小編根本聽不懂來賓講什

麼，就隨便拼一個相近的英文字放上字幕交差，以為大部分的觀眾都看不懂。其實聽錯比聽不懂更危險，因為錯誤的決定或錯誤的話語會就此傳遞出去。

我覺得大部分台灣人的英語讀寫能力都還好，英語好最重要的是可以吸收外國知識，尤其是國際新聞。只是除了剛才說的電視字幕經常出現錯字，很多地方的翻譯也是一知半解，最經典的就是賈伯斯的名言 "Stay Hungry, Stay Foolish."，其實跟「求知若渴，虛心若愚」一點關係也沒有。因為英文是國際語言，能看英文新聞或是雜誌書籍，都會讓你眼界開闊很多。陳文茜是公認台灣最聰明的女性，有一次我在杭州跟她聊天，就問她為什麼這麼聰明？她當然客氣且謙虛地先謝謝我的誇獎，然後也指出，她每天閱報、讀書無數，尤其是英文報紙，如《金融時報》（*Financial Times*），才可以快速做出那麼多精準的評論。

如果想進跨國公司或到國外上班，英文就很重要。我認識好幾個非常優秀的分析師，不僅懂產業，寫的報告也很精闢，只可惜無法用英文表達，難以跟客戶溝通。我也常聽到英文讀寫流利的廣播媒體前輩，但英文卻常念錯。這不能怪他們，畢竟在台灣的環境裡，用英文聊天的機會不多。但我也開始看到一些年輕人，尤其是大陸的學生，應徵工作時英

文完全沒有口音，而他們從沒有住過國外，都是在大陸或香港土生土長。所以要把英文學好不是不可能，尤其現在科技那麼發達，若是不確定如何念某個英文單字，上網查就可以了，簡單又正確。

我並不是說英文以外的語言不重要，像台灣的各種方言母語（台灣話、客家話、原住民話），或香港的廣東話，有空也應該學，如果還會日語，去日本旅行也方便很多，而西班牙語在歐美更是實用的語言，連小布希總統都能講的很流利。因為地緣關係，我一個瑞士的前同事可以流利的講 5 國語言，真是讓我羨慕。但如果要排先後次序，學第二外語，那英文絕對是首選，像新加坡政府就很有遠見，強迫大家中英語都要會（香港也類似），讓他們的競爭力大大提升。所以如果你想提高薪水，縱橫外商或國際，那英語一定要好，尤其是說的能力，因為讀寫都可以請祕書代勞，但是說就沒辦法。

職場能力 4：先精通你的專業，再培養第二專業。通常公司願意給你一份工作，是因為你有一項專長，或至少有信心認為你可以學會。像我申請大學時，本來很喜歡電腦軟體，但那時母親建議我學電機工程，因為既可以學軟體，還可以學硬體，軟硬都會（現在我兒子也在同一所大學念同一

個電機電腦工程系，理由完全一樣）。大學畢業後讓我可以順利進入 AT&T、IBM 和埃森哲工作，雖然都是寫電腦軟體，但是硬體的經驗讓我贏過其他應徵者，因為軟體是要來控制硬體的。在埃森哲工作時，因為是幫藥廠寫軟體，所以也要學習藥品的基本常識。後來覺得自己不懂會計、財務和市場銷售，所以又去芝加哥大學念了 MBA，把這些項目補全。畢業後進了管理顧問公司科爾尼（原本與麥肯錫同屬一家公司，後來才分家），又在工作中學到了零售、交通運輸、汽車及醫藥產業的知識，讓我可以和高層管理客戶應對溝通。因為有這麼多不同的經驗，我之後才可以順利成為科技產業分析師，因為我不光是在書本上讀過這些知識，還有很多親身經歷，像是隨身攜帶充實自己的工具箱。你工具箱的工具愈多，能處理應對的情況就愈多，這樣就很容易增加自己的市場價值，讓薪水節節高升。

職場能力 5：Hypothesis-Driven Approach，也就是用假設方法來解決問題。這是我在科爾尼管理顧問公司學到很有用的做事方法，聽說麥肯錫顧問公司也是用一樣的方法。這方法就是做一件事時，用你最好的猜測（Best Guess）來當你問題的假設，然後據此蒐集資料，證明你的假設是對，還是錯。我用了幾次後發現，這是很有效率的工作方法，因為

它會給你一個方向去努力，而不會亂槍打鳥地東奔西跑，浪費不必要的時間。例如，如果你想找市場上最好的手機（目的是買與它相關的股票賺錢），市場上那麼多品牌，如果你每個都研究，一定會花很多時間，以致錯過了賺錢的時機，股票早就漲上去了。所以一種方法就是先盡量猜一支，也許是 iPhone，這就會給你方向，去找比 iPhone 更好的手機來比較，也許是三星或華為。而在尋找資訊時，可能會聽到其他有趣的資訊，可能有人會說現在小米做的也不錯，或是三星不同型號的 Note 10 或 Galaxy S10 某些效能比 iPhone 好，像照相功能，這樣就會給你正確的方向去研究，也可以改變方向，也許最後你發現 iPhone 不是最好的手機，或者三星的手機又便宜又好用，你不會浪費時間找一些無法支持你假設的無用資料，如果你去拜訪面板公司，就不會談到電視面板，而會去了解 OLED 跟 LED 手機面板的不同等等。這也會帶到決策樹（Decision Tree）的概念，先假設蘋果是最好的，如果不是，接下來就研究三星，如果不是，就再接著研究華為等等。這也有一點像前面談到的吸引力法則，當你要研究蘋果時，就會突然發現很多你以前沒注意到的蘋果資訊，或是看到周圍很多朋友都在用蘋果手機，但如果你沒有這個假設，給你關注的目標，你可能就不會特別注意到。當然你的

假設也有可能是錯的，這時你就應該改變假設，把下一個最可能對的目標變成新假設，繼續找資料證明或否定這一個新假設，直到找到要的正確目標為止。

職場能力 6：先求有，再求好。這是我在普渡大學大三電機系 301 課程中，蓋勒格教授（Neil Gallagher）教會我的事，雖然我不知道他為什麼會在課堂上講了這個道理，因為和電機完全無關。他說，如果你要做一個很大、很長、很複雜的東西，像是寫大型的研究報告，不要被這個特大的案子嚇到而給自己太大的壓力。你可以先不管壞好，先求有，很快地從頭寫到尾，不要怕寫錯或用錯資料，反正盡快做一次，跳過一些程序都沒關係。因為你做了一次之後，不管是多粗略的東西或錯誤百出，至少你比零進步了一點，可能是報告的一部分大綱，你的壓力就會小很多，因為你已經有了初稿。然後，下一步你可以再慢慢改進，在沒有壓力下，就會愈改愈好，像雕刻一樣，從大方向改到細節，從 30 分加到 60 分、90 分，不需要有一步到位的壓力，畢竟沒有人可以第一次就把全部的事情一次就做到完美。像這本書，出版社要求我寫 7 萬字，我也是用這個方法，先趕快寫一次，把腦子裡所有的資料和想法先丟出，再慢慢改，改個 5 到 10 次就會很好了。我看過有些喜歡完美的人，沒有百分之百準

備好就不出手，這些人很容易一事無成，把時間都花在準備功夫上，而不是行動上（下一章會細談行動，也是最重要的成功習慣）。

　　職場能力 7：積少成多。我稱這個為 Jeff Reilly 法則，因為這是我大學時從一位電機系同學 Jeff Reilly 身上學到的，我經常看他和我們一起在走廊等上課，但他通常會趁上課前的幾分鐘空檔做一些功課，而不是像我們和同學一味地聊天打屁，因此，到了晚上回家、我們準備做功課時，他已經做完大部分的功課了。其實很多事只要一點很小的改變，持之以恆後，結果就會很可觀。如果你每天進步 1%，1.01 的 365 次方就是一年可以達到 37 倍的進步。存錢也是一樣，如果你每天存 100 元，以年投資回報 7% 來計算，10 年你就可以存到 52 萬，15.3 年你就可以變成百萬富翁了。

　　職場能力 8：找到喜歡的事，自然做得好，錢也會隨之而來。我稱這個為 Landgrebe 法則，這是大學電機系 302 課的 Landgrebe 教授在課堂上教會我的。如果是你真的喜歡的事，像我做科技股票研究，自然就會想把它做好，每天上班也不會只是為了做到 8 小時下班，而會想著如何做到最好，讓客戶滿意，成為績效排名第一的分析師，老闆自然也就幫我加薪，甚至被高薪挖角。但如果你只是為錢做事，每天就

會過的很辛苦，表現也不會好，高薪當然也維持不了多久。

職場能力 9：不要輕易放棄，如果是簡單的事，任何人都可以做了。我叫這個為 Delp 法則，因為這是大學電機系 440 課的 Delp 教授教會我的道理。Delp 教授的外號是 The Professor from Hell，也就是地獄來的教授，因為他的課真的很難，我在電機系的成績基本上都是 A，但這堂課卻拿了個 C。有一點像我在芝加哥大學 MBA 的法瑪教授（Eugene Fama，後來得了諾貝爾獎）常喜歡給學生 C- 或 D+。在職場上如果碰到難事，應該慶幸有表現的機會，因為如果太簡單，大家都會，就不值錢了，這也是巴菲特常講的，在浪潮退了才知道誰沒穿泳褲。畢竟打順風球誰都會，發生問題時，才看得出誰的能力好，以及一個人的 True Color，看一個人如何面對和解決問題，才知道他到底有多厲害。

職場能力 10：很多答案都在書裡。我稱這個為 Greg Cox 法則，因為這是普渡大學研究所同學 Greg Cox 教會我的事。我以前在大學很懶散，自己不用功，不懂就直接問同學怎麼使用東西，像是新型印表機的新功能。這位同學有一次就對我翻白眼，叫我自己去查，後來發現他是對的，其實使用一個新機器也沒什麼難，都在說明書裡。但是如果你懶惰，不去看，就會覺得很複雜，心想為什麼這台機器有那麼

多按鈕。後來我在研究所當助教時，發現知識也是一樣，有一個學生 Mike Xie，對於商場上發生的事好像都知道，後來一問，他才說都是在《商業週刊》（現在叫《Bloomberg Businessweek》）上學到的。於是我就馬上訂了這本雜誌，發現這個週刊很容易讀，資料也很多，後來還讓我成功轉念 MBA，現在我也強迫兒子每週都要看，增加基本的商業知識，不要發生了什麼事都不知道。我日後還被這個雜誌訪問，真是大學時想都想不到的事。

職場能力 11：凡事要有備份 B 方案。我叫這個為 Dan 的海軍法則，因為這是我在普渡大學大三的室友 Dan 教會我的。我大三住在校外，有兩個老外室友，都是 ROTC 軍人，一個是海軍，一個是空軍。那時剛上演「捍衛戰士」這部電影（聽說續集在 30 多年後快要上映了），由湯姆・克魯斯（Tom Cruise）這個帥哥主演，我這兩個室友都想當戰鬥機飛行員，天天吵空軍厲害，還是海軍厲害。那時我才知道其實要當戰鬥機的飛行員，加入海軍的機會比空軍大，因為航空母艦的飛機很多，屬於海軍，不是空軍。而他也跟我說，每艘船都有兩個引擎，作戰時萬一壞了一個，還有第二個備援，那時不理解，現在當然覺得很有道理，但在那之前，我從來沒想過這些問題（我的一位舅舅還是台灣海軍 2 星中

將，管理一個艦隊，以前真應該跟他請教一下）。

後來到了職場，這個備份法則讓我深有體會，很受用。不知道你的電腦或手機有沒有壞過？資料有沒有不見過？如果你有備份，不管是外接硬碟或是雲端，就沒問題。但我猜，有一些人沒有備份習慣，那就很抱歉，資料全部掰掰，一切得從頭開始。我有些朋友甚至把 20 年來的照片全部丟了，真是令人心痛。備份或 B 計劃通常會被忽略，因為它屬於重要、但不急的事。就像你的醫療保險或汽車保險一樣，不出事都沒事，萬一出事，沒保險就很痛苦。雖然備份如果沒用上就浪費了，但這跟保費一樣，寧願浪費，買個心安，也不希望申請理賠，但萬一有什麼事，像電腦或手機壞了、忘了家裡的鑰匙或是信用卡掉了，這些備份，如果成本不是太高，花點時間就可以讓出事後，被影響的負面效果降到最低。事實上有很多事，不只是保險，是需要有備份方案，以確保不時之需。

第二部

達成 FIRE 一定要有的能力和習慣：
練好基本功，財富就會靠向你

The success habits : the more effective you are, the more money

you can easily make

"It ain't about how hard you hit. It's about how hard you can get hit and keep moving forward." - Rocky Balboa

其實在寫這本如何累積財富、提早退休的書之前，我原本想寫的是「成功的十個習慣」。因為我覺得如果可以養成一些成功的好習慣，賺錢就會變的很容易。相反地，如果你沒有養成好習慣，就像跑車沒油一樣，車再怎麼好，還是跑不動。因為想存到可以退休的財富，只有兩個辦法，不是開源，就是節流，錢存到你每年花費的 25 倍就好。如果賺的不夠，再怎麼努力存錢也很難。當然每月 4 萬元也可以省吃儉用的退休，但是如果你可以多賺，存到讓你退休後每月可以花 10 到 20 萬元，不是更棒？富裕退休和節省退休，你會選哪一個？如果退休後每天沒錢做自己想做的事或旅行，天天困在家裡吃泡麵或麵包配白開水，這樣退休有意義嗎？

　　最近在報上看到一則新聞，說一名男網友從南部到新竹上班，月薪 3 萬 3 千元，年薪包括年終獎金大約 55 萬元，沒跟父母拿錢，全都靠自己存，一年竟然可以存下 33 萬元。不過，他說自己可能會單身一輩子，之前沒有交過女友，未來更不可能交，不買車的原因是因為買不起，如果連車都買不起，遑論房子。他不僅沒有信用卡，騎的還是中古機車，筆記型電腦用了 9 年仍持續使用。住在一個月租 4,200 元的小套房，每月支出只有吃飯、加油、手機、房租、水電，沒有休閒娛樂，只有看看球賽、漫畫、電影，其餘的錢全都存

起來。但這樣的人生有意義嗎？

　　網路上常看到教我們如何省錢的文章，找到高 CP 值的東西，卻很少看到如何提升自我價值，賺更多錢。如果是我，會把 33 萬元的年存款，趁年輕時投資自己，藉由買書、看書、上課進修等等，讓月薪從 3 萬 3 千元變成 33 萬元，這絕對不是不可能的事，因為我在投資銀行的同事月薪都是如此。把你賺錢的目標訂高一點，美國激勵大師諾曼・文森・皮爾（Norman Vincent Peale）曾說過：「如果目標設定高一點去月球，即使不成功，至少也會飛到星星附近。」

　　如果讓自己養成成功的好習慣，尤其是在工作中，表現優秀很快就會得到升遷，如果能讓薪水倍數成長，不但可以很快存到你的 FIRE 數字，過程中也不會那麼辛苦，還可以同時享受生活，甚至工作的樂趣，像我全球飛透透，看遍許多國家，吃了不少美食。當打工皇帝並不難，只要掌握第二部裡談到的基本功就沒問題。當然如果你想自己創業當老闆，像郭台銘一樣，也不是壞事，第二部裡的成功習慣也一樣可以幫助你。

　　很多人想要一夜致富，不勞而獲，簡單賺大錢，可惜世上沒有這種事，除非你是幸運的精子俱樂部會員（Lucky Sperm Club），出生在有錢人家，要不然就要像郭台銘或王

永慶這樣白手起家，靠自己努力，或者像庫克或張忠謀，當一個高階經理人。所謂「台上一分鐘，台下十年功」，如果你要像張無忌在光明頂打敗六大門派高手，也要先辛苦學會九陽神功和乾坤大挪移。

世界上最可怕的事，就是比你聰明的人，還比你更努力認真。在我以前服務過的公司，尤其是管理顧問公司，常看到這種人，所以後來也變成我激勵自己的動力。所以第二部中，我要跟大家分享職場成功的關鍵。我不敢說自己有多成功，但是我可以說，我從大學開始就靠自己自修，讀了上百本勵志大師的書（包括很多有聲書），上過無數的訓練課程，包括安東尼‧羅賓（Anthony Robbins）、卡內基（Dale Carnegie）、金克拉（Zig Zigler）和博恩‧崔西（Brian Tracy）等等，靠自己努力，一路上跌跌撞撞，犯了很多錯誤，也看到很多高手成功的例子，包括跟身邊的同學、同事學了很多，希望可以和大家分享，畢竟在競爭激烈的投資銀行裡，5 年即可從菜鳥 Associate（副理）升到 Vice President（副總）、Director（董事），最後到 Managing Director（董事總經理）也不是很容易的事。

最後解釋一下，書裡講的效率，多數時候是指效能（這兩個名詞有時會混著用）。效率是把事情做對，效能則是做

對的事情。所以在談效率時，是假設已經在做對的事情了，不會努力往西找日出，而會往東找，教你如何做的更快、更好、更有效率，也更有效能。

第 6 章

沒有行動，一切都是白說

設定高目標，即使不到月球，也會飛到星星附近

Without action, nothing else matters

*"Do. Or do not. There is no try." - Yoda, Star Wars:
Episode V, The Empire Strikes Back*

1. 沒有景氣的問題，只有爭氣的問題

在我看到和經歷過那麼多的成功習慣裡，最重要的就是行動的習慣，如果這本書你只學到了這個習慣，也值得了。因為如果沒有行動，不管你看了多少書，思考了多久，研究準備了多少，都是白搭。有點類似清談誤國的概念，講空話誰都會，但行動就不一定了。不知道你是否有過這樣的經驗？就是幾年前你有一個想法或主意，也許是想發明新產品，或是開家拉麵連鎖店，但是一直沒空去做，有天你去逛街，突然發現你的主意被偷了，已經被別人做出來了，在市面上販賣你當初想開發的產品或是拉麵店。你知道你跟那些做出成果的人有什麼不一樣嗎？就是你只是想想或計劃，而那些人不一定比你聰明，卻一定比你有行動力。

你可能會問，難道計劃不重要嗎？如果不計劃，就魯莽去做好嗎？當然不好，但如果硬要說計劃和行動哪個比較重要，那一定是行動（當然兩個都做更好）。像 Nike 的廣告說的：「做就對了。」因為只要有行動，就一定有結果（不管是好結果或壞結果）。如果做錯，看到負面反應，改進後再試一次就好了。好比有人問：「你會給小孩幾次機會學走路？」

這個問題其實是廢話，當然是讓小孩一直學，跌倒後再繼續走，直到學會走路為止，難怪世界上每一個人都會走路。這就是安東尼・羅賓講的成功方程式：「一定要先行動，看到錯誤就改，然後再試一次。」你可能會問：「要試幾次才好？」答案是直到成功為止，這也是為什麼每個人都會走路的原因，大家都是從爬到學會走路才停止。沒有行動，什麼都是廢話，如果沒達到目標就放棄，前面的行動也都白費了。

行動的另一個目的，是人生很多情況無法事先預測或計劃，要做了才知道可能會發生的情況。這有一點像下棋，也許你可以計劃下幾步，但是你絕對無法計劃到全盤結束，因為除了複雜度之外，你不會知道對方如何出招，也就是市場或顧客如何反應，你也只能見招拆招，兵來將擋，水來土掩。如果有兩個人，一個人花 1 年直接跟大家練習下棋，另外一個人花 1 年只看書學習，你覺得哪一個人的棋藝會進步的比較快？如果沒有行動，沒走出第一步，你再怎麼沙盤推演，也沒有機會贏得那盤棋。我聽過一個關於美國四星上將史瓦茲科夫（General Norman Schwarzkopf）的故事（他就是在 1991 年率領聯合國盟軍在短期內大勝伊拉克的將軍）。他年輕時，有一次軍方開會討論一件既複雜又重要的事情，

兩邊已經吵了好幾個月，但一直沒有決定，因為做或不做都各有利弊，所以大家最後只好跟最高將領報告，請老大做決定。老大聽完了報告，馬上選了一個方案去做。散會後，將軍偷偷問那位老大，這麼複雜的問題，那麼多專家研究了這麼久都不知道怎麼決定，你怎麼能一聽就懂，馬上做出決定，你到底有沒有聽懂？老大就回覆：「沒錯，這是很複雜的問題，我也不是全懂，也知道正反兩邊的專家都很優秀。他們既然花了那麼多時間研究，該想到的問題應該也已經想到了。但我知道，如果沒有人拍板做決定，開始行動，這個研究不論再做幾個月也不會有結論，導致最後錯過良機。」世界上不可能每件事情都有百分之百把握，如果做了那麼多研究，開始行動一定比不開始好，只要做了之後再小心觀察情況，做出需要的改進即可。

這個故事也讓我想起了 80/20 法則，我也是完美主義者，很怕犯錯。這個法則指出 80% 的成績通常是由 20% 的行動產生。也就是說，剩下最後 20% 的成績，需要你花80% 的精力才能獲得。當然這要看情況，有時你真的需要百分之百的成功率，像醫師開刀或是飛行安全。但如果你可以接受 20% 的失敗或挫折，不妨考慮花 20% 的精力五次，各達到 80% 的效果，這會比做一次百分之百好，因為你那五次

的行動可以達到 400% 的效果（80% 乘以 5）。例如，像賣保險或當推銷員是很多人都不願意做的事，因為常常得打電話給陌生顧客（Cold Call），或經常被拒絕。可是如果你不怕被拒絕，別人計劃很久做一次，可能一次就成功的機會很大，而你在同樣的時間做五次，雖然可能被拒絕的機會大很多，但長期來講，你的成績可能是別人的 4 倍。這也是大家只看到老闆或運動員成功的那一面，但他們失敗的次數一定比別人多很多，只是他們願意行動，別人做一次，他們就做五次，雖然可能失敗次數多，但成功的次數也多。如果你喜歡棒球，就知道最好的球員安打率往往很難超過 3 成，也就是說，最厲害的強棒也是打十次會失敗七次。相反的，有些公務員怕做錯事被罵，就會出現「多做多錯，少做少錯，不做不錯」的心態和習慣，雖然不能完全怪他們，多半是環境和管理的問題。但是如果老闆不鼓勵大家從錯誤裡學習改進，而是不准犯錯，而且犯錯就罵，那大家當然就會有不做不錯的心態，做事消極，與我強調建立行動的習慣背道而馳。

所以，除了要養成行動的習慣外，還需要不怕犯錯（當然不能犯致命的錯誤），有錯就改，只要有恆心，就會成功。而如果可以預先計劃，減少犯錯機會，成功也會比較順

利。我想大家應該都吃過或聽過肯德基？他的創始人桑德斯上校（Colonel Sanders），在二次大戰結束後，發明了一個自認很棒的炸雞食譜，但需要找金主合作開店。他馬上開始行動，一個一個去找，但他每問一個就被回絕一次，沒有任何人願意拿錢出來合作。如果是你，被回絕幾次後可能會放棄，或是會懷疑自己的食譜有問題？然而，桑德斯上校的行動力加上恆心，他在被拒絕了 1,009 次之後，終於得到了第一個 Yes，肯德基才變成全世界僅次於麥當勞的第二大速食店，在 123 個國家開了 2 萬多家店。

另一個是約翰・坦伯頓（John Templeton），也就是 Templeton 基金公司創始人的故事，買過基金的人應該都聽過這家公司，至少有聽過新興市場教父馬克・墨比爾斯（Mark Mobious），他就是這家基金公司的操盤手。我一直認為沒有景氣問題，只有爭氣問題，因為通常最壞的時候，才可以讓厲害的人找到最好的機會，像今年的中美貿易戰，正是展現危機就是轉機的最好時機。坦伯頓在美國 1930 年代大蕭條時，以每股一美元的價格（折合現值 18 美元以下的價錢）買下 104 家 NYSE 紐約交易所的股票，雖然後來其中 34 家公司在 1939 年破產，但其他的公司卻讓他在二次世界大戰後變成億萬富翁，進而成立了自己的全球基金公司，也

是我在巴克萊銀行的客戶。

英文有一句話 "Ask for forgiveness, not permission."，就是說先做了再講。像公家機關做什麼都要先獲得批准，因此能做的事情不但少，效率也不會高，但如果你的目的是不犯錯，明哲保身，那凡事預先被批准是對的。但你若想成功，就先做了再講，錯了可以尋求原諒，改正錯誤，再試一次。英文還有一句話，就是 "Pushing the envelop."。這是我大學室友 Joe 教我的，因為他那時一直想成為美軍戰鬥機的飛行員，而會開飛機的人都聽過這句話。這句話的原意是，飛行員會盡量飛到地球最高、快到外太空的地方，測試飛機最高的限度到哪。做事也一樣，如果你不盡最大能力試一下，你怎麼知道自己的極限在哪呢？搞不好比你以前想的要多很多，不去試試不是太可惜了嗎？這也是我上一本書的書名《沒有不可能》的含意。

所以，只要你敢行動，踏出你的第一步，不管外部環境有多艱困，就有機會成功。

2. 永不滿足，別懼失敗：
Stay Hungry, Stay Foolish.

這句話是蘋果公司創辦人賈伯斯 2005 年在史丹佛大學畢業典禮演講中的一句話，做為演講的結語，我覺得真是一針見血，如雷灌耳。但每次看到台灣的翻譯就有些啼笑皆非。台灣翻譯成：「求知若渴，虛心若愚」，聽起來很好聽，但完全喪失這句話的精華。

在我服務多年激烈競爭的投資銀行和管理顧問的環境裡，最常聽到用 Hungry 評論一個人，所以我感觸很深。當然跟飢餓毫無關聯，而是說你有沒有保持追求目標或成功的動力和熱情，指一個人對成功的飢餓程度。一個人做一件事會需要動力，而做愈難的事，需要的動力也愈大。在「洛基」（Rocky）這部電影裡，主角就是因為窮，一無所有，夠「餓」，才讓他有動力去鍛鍊自己，第一集中差一點打敗當時的黑人拳王，第二集終於贏了，因為之前的那位黑人拳王沒有洛基的「餓」。第三集時，洛基成功後已經「不餓」了，就輸給了 T 先生，因為 T 先生有了洛基之前的餓。如果你看過這部電影，就會看到洛基當上拳王後在電視上接受採訪或是風光當代言人時，T 先生就是在健身房裡不斷訓練，

當然最後就打敗了不夠餓的洛基。後來第一集的黑人拳王幫洛基找回了之前的餓，才再度把冠軍拿回來。這部系列最新的電影叫「金牌拳手」（Creed），講的就是第一集那個黑人拳王的兒子 Creed，在金牌拳手裡也夠餓，差一點拿到了拳擊冠軍，直到第二集才順利當上拳王。但，洛基第四集中俄羅斯拳王的兒子為了復仇，又輕易的把 Creed 打敗，也是因為他夠餓。在周星馳的「少林足球」裡，當他們心裡那把火出現時，就代表他們餓了，熱情來了，開始要行動了。

高手的程度通常不會差太多，奧運的百米賽，第一跟第二名通常只差 0.01 秒，游泳比賽也一樣，就是看誰比較餓，願意比對手多奮力一點，最後比的往往已經不是生理，而是心理。所以成敗通常不是看誰能力好，而是看誰夠餓，有足夠的動力可以支持下去，輸贏就只在那一點點，而不是贏後得意忘形，這些才是賈伯斯鼓勵年輕學子的重點。

今年因為中美貿易戰，有機會看到華為的任正非接受專訪，很顯然他也知道這個道理。他談到他看到華為的危機，不是在成功前，而是在成功後。他說在華為多年的辛苦奮鬥過程中，他看到的是同事都很餓，一直拚命工作。但是這幾年，公司賺了錢，大家發了股票，開始買房、買車，享受生活。他很擔心中美貿易戰之際，大家以為自己的 5G 遙遙領

先，開始驕傲，喪失了鬥志，不「餓」了。

所以賈伯斯的意思是，除了要努力成功外，你不能滿足過去的成功，成功後要找下一個目標，時時保持餓的動力（就像中文講的，「逆水行舟，不進則退」）。如果你不能保持之前飢餓的幹勁，滿足眼前的成功，很快就會被別人超越。

而 Stay Foolish，跟虛心若愚就更沒什麼關係了。這句話是叫你不要怕失敗，因為失敗後可能會被人嘲笑，看起來很愚蠢的樣子。有一點像當一個笨人，跟電影「阿甘正傳」的主角一樣。因為不夠聰明，所以不會被自己設限，覺得什麼都可能，不像聰明的人，算東算西，覺得很多事情都可能會失敗，於是不敢嘗試。我記得 1991 年，因為美國很多政治人物很喜歡算計，當時剛贏得波斯灣戰爭，共和黨的老布希總統的民調如日中天，民主黨沒人敢出來競爭，包括那時民主黨民調第一的紐約州長（因為那時我剛好住在紐約，印象特別深刻），所以才給了當時沒沒無聞的小州長柯林頓出來參選的機會，後來的結果大家也都知道了〔當然也是因為我 EDS 前公司的創始人裴洛（Ross Perot）出來攪局，可是如果柯林頓不敢出來選，就像那位紐約州長就永遠沒有機會〕。愛因斯坦講過，天才和笨蛋的分別，就是天才會幫自己設限。所以不要怕失敗被嘲笑，不要幫自己設限，勇敢的

繼續愚蠢下去，跟阿甘一樣，一直去嘗試新東西，或許有朝一日就會像賈伯斯，發明出比 iPhone 更棒的產品，改變人類的習慣。過去不是很多人也覺得世界是平的，認為人可以飛起來的都是傻子。

所以賈伯斯勉勵年輕學子要永遠不滿足自己現在的成就，要保持飢餓的態度，不斷找下一個挑戰，不要為自己設限，讓自己當一個傻子，因為沒有不可能的事。不管做什麼，只要一直行動下去，就會有成功希望。

3. 遇到什麼事不重要，重要的是事後態度以及如何面對

很多人不去行動的原因不是懶，也不是沒有動力，而是怕犯錯或被拒絕。當然多數人都怕被拒絕，但重點不是什麼事發生在你身上，而是你如何定義這件事對你的意義，更重要的是，你要如何反應，下一步該做什麼？像 1999 年我被北京的 EDS 公司裁員時，那時我還在廣州出差，幫公司搶白雲機場的案子，我因為這個工作拋家棄子，一個人搬到北京上班，每星期擠飛機回香港，不知犧牲了多少精力和時間。當然被裁員不是件令人高興的事，但我慣於正面思考，

覺得我終於可以離開適應困難的北京生活圈（1999 年的北京還沒現在那麼進步），以及常常找我麻煩的香港小老闆，回到比較進步的香港，尋找下一個工作機會。那時是我人生的低潮期，房子買在 1997 年的頂點，1999 年時除了必須背負高房貸，房價慘跌賠了不少錢，房貸還被銀行追繳保證金（我以前以為只有股票融資融券才會被追繳保證金，這次發現房貸也會），那時老婆還剛懷孕，1999 年 4 月我被裁員，而老大在 1999 年 10 月出生。如果當時我怨天尤人，沒奮發圖強，寄出上百封履歷表，什麼工作都去應徵，可能就沒有機會找到外資投資銀行分析師的工作，開啟我 15 年的事業頂峰。每次想到這裡，都很慶幸那時有個壞老闆（英文叫 Blessing in disguise）開除我，要不然我不會有機會進入這麼刺激又高薪的投資銀行業，讓我存到足夠的錢，在 48 歲前退休。我也深刻體會到「塞翁失馬，焉知非福」這句話，雖然是老生常談，但真是中國千年的智慧。有很多的事，不管是好、是壞，重點都在於你如何定義那件事情。同一件事情，可以正反解讀，兩邊都有道理，端看你如何看待。

我喜歡正面思考，不是喜歡粉飾太平，也不是自己騙自己，而是想著如何才能對大局有幫助。如果天天以淚洗面，怨天尤人，自暴自棄，對事情會有幫助嗎？還是直球對決，

承認事實，面對問題，找到應對的方法，將不幸的事件做為行動的動力，才能扭轉情勢？英文有一句話 "Don't get mad, get even." 也就是生氣是無法解決問題的，你唯一的報復就是爭氣，做得更好。

不承認事實，就無法做出正確決定

在這裡要提一個重點，很多人喜歡自己騙自己，不願承認事實，活在自己快樂的虛擬世界裡，事實或許很殘酷，也很痛苦。但如同前面提到的，只要先行動，就會看到結果，不管結果是好或壞，若能改進後再試，就會離成功更近。可是很多人喜歡自我催眠，不想面對事實，把自己想要的結果當做事實，明明是不好的事，卻騙自己沒問題，這樣就很危險了。美國有句話說：「精神病的定義是你一直做一樣的事情，卻期待不一樣的結果。」

大家都知道瞎子摸象的故事，象就只有一隻，可是為什麼每一個摸象的人都覺得不一樣呢？那就是很多時候，我們只想承認自己看到或想要看到的，而不去尋找真相到底是什麼，或是根本不想了解真相。其實很多事情會重複發生，或是不斷重蹈覆轍，往往是因為你不去了解事實，然而只有不

欺騙自己、粉飾太平，確實改進，才有意義，也才會真正解決問題，不再犯同樣的錯誤。

假設你工作不順，看到加薪的總是別人而不是你，就表示你的表現需要加強，但如果你只是一味跟自己說，是公司不公平、老闆偏心，就很難解決問題。當然如果公司環境不好（像現在很多媒體）很難賺錢，而你不認清事實，不敢積極想辦法跳槽，只是以過一天算一天的心情安慰自己，那下場也不能怪別人。學習或讀書的目的，就是希望從歷史或別人身上學到寶貴經驗，因為歷史會一直重複發生，一定要避免犯別人犯過的錯誤。

沒有一個人喜歡出問題，但應該只有住在墓園裡的人才真的沒有問題吧。一個人活在世上，不管你多麼小心，一定會碰到問題。我們不是要追求沒有問題的人生，而是要解決更高質量的問題。例如，當你沒有錢時，你的問題可能是想辦法吃飽，或找個工作賺錢。等你開始賺錢後，你的問題可能是如何投資存錢，或是如何節稅，少交所得稅。因為當你像郭台銘開始賺大錢時，就會煩惱遺產稅太高，怕很多人都想要你的錢，或是每個月如何穩定發出上百萬員工的薪水。所以當你愈成功，你的問題會愈來愈多，愈來愈大，但問題也會愈來愈有價值。

所以我們不是要避免問題，而是要學習如何解決問題，甚至把危機變成轉機。我非常推薦大家看卡內基的兩本書，一本是《如何贏取友誼與影響他人》（*How to Win Friends and Influence People*），另外一本是《如何克服憂鬱》（*How to Stop Worrying and Start Living*），兩本都是教你如何解決問題。我們遇到問題通常會馬上想到最壞的情況，但發生最壞情況的機會其實少之又少，所以沒必要那麼恐慌。當問題發生時，先冷靜下來，直接面對，不用故意往好處想、騙自己，或往壞處想，嚇自己，先了解真實狀況，才能想出實際的解決方案。而且最好要多想幾個方案，不要只有一個，才可以評估每一個方案的優缺點，不會被迫只有一條路可走。當然，如果你可以跟家人或朋友請益，一定也會有幫助。全球最大的避險基金經理人瑞・達利歐曾說：「Pain + Reflection = Progress」，也就是在痛苦時好好反省，就會進步。做對的決定很重要，只要看一些歷史故事，就會看到因自大、疏忽、壞脾氣，做了錯誤決定，造成重大影響。

　　你若有遠見（Perspective），懂得用不同的觀點看問題，就會發現很多問題也沒什麼大不了。最近看的一本英文書，當中有句話 "We all die anyway, so go for it." 正是在說除了死以外，沒有嚴重的大事，問題沒什麼好怕的。像我年輕

時被 EDS 電腦公司裁員很難過，但如果那時沒有被迫轉行，就沒有我後來當分析師的好表現了，有時夜深夢醒時，還會嚇出一身冷汗，想到自己如果還在 EDS 工作沒轉行，現在不知會如何（賈伯斯也說如果沒有被蘋果開除，就不會有後來的 iPod 和 iPhone）。當你現在回頭來看幾年前的問題，不但會覺得沒什麼大不了，還會覺得是個好玩而寶貴的經驗，所以只要用幾年後的心情回看現在，就不會那麼難過。不同的觀點可以讓你心存感激，例如，要是你為剛買的新鞋被踩髒或不合腳而生氣，但若看到對面的人少了一隻腳，想穿鞋也沒辦法，就會感激你還有雙腳。很多時候，能用錢解決的問題就不是什麼大問題，反正留得青山在，不怕沒柴燒，只要還活著，就有機會，很多問題其實都不是什麼真正的問題，是你腦袋自己想出來的。平時多準備，鍛鍊自己的自信心，多學、多看、多犯錯，就會成長，面對的問題也會愈來愈有深度，你成功的機會也就愈來愈大，就像坦伯頓在經濟大蕭條、哀鴻遍野時進場買股票，成了億萬富翁（如果在蘋果公司快倒閉時進場，也會大賺一筆錢）。所以問題很多時候都不是問題，是 Blessing in disguise，也就是塞翁失馬，如果你的門被關了，上天一定會幫你開一扇窗，只是看你找不找得到而已，或者願不願意去找。

第 7 章

吸引力法則和目標設定

先相信，才會看見

Law of attraction and goal setting:

You'll see it when you believe it

♪ *"Dream on." - Aerosmith* ♪

1. 吸引力法則的驚人力量

如果行動是最重要的成功習慣，那吸引力法就是最重要的成功法則。不知道你有沒有看過《祕密》這本書或電影？這本書在 2006 年推出時造成全球轟動，很快就被翻譯成中文版。這個法則其實並不是什麼新發現，但是這部電影的製作人和作者朗達·拜恩（Rhonda Byrne），因為具有媒體的背景，把這個很重要、卻又有些枯燥的法則，用深入淺出的手法拍出，既富有娛樂性又很容易理解的電影，讓更多人了解，並且學習到這個重要法則，很推薦大家去看。

那書裡所說的祕密到底是什麼呢？正是吸引力法則。這個法則的要義，就是心想事成。也就是說，如果你天天很用心、專心地想一件事，而且是認真地想達到，而不是隨便想想，那就會發生。有時可能不會馬上發生，但只是時機未到。反過來說，如果你不去想，或是覺得不會發生，那事情就一定不會發生。就像美國汽車大亨亨利·福特曾經講過的一句話：「不管你覺得可以做到，或是無法做到，你都是對的。」

那為什麼將吸引力法則稱為祕密呢？因為作者發現，雖然這個法則已經存在上千年，但是以前只被社會上層的成功

者所擁有，一直沒有對外公布，只有他們知道。她調查發現過去知道這個祕密的，竟然都是歷史上的偉大人物，包括柏拉圖、莎士比亞、牛頓、雨果、貝多芬、林肯、愛默生、愛迪生、愛因斯坦等等，所以她就去訪問當今知道這個祕密的專家，包括了心靈作家、成功企業家、物理學家、理財專家等，寫成了這本書。

不知道你是否有過這樣的經驗，就是你買了一個新產品，例如汽車或摩托車，卻突然發現路上有很多和你一樣的車？或者買了新手機或電腦，發現周圍很多人也在用相同品牌？但究竟是別人學你買一樣的產品，還是他們早就在使用那些產品，只是你以前根本沒注意到？而這其實就是吸引力法則。因為周圍有太多資訊，讓你只注意到與你有關的事物。

在看這本書之前，我其實就不自覺的用到這個法則。記得我在大學看「華爾街」這部電影時，頗有共鳴，雖然那時念的是電機系，但就開始有想進投資銀行的念頭，後來也真的進去了。2006 年，有一次從香港到紐約出差，在飛機上碰到 CSFB 的前同事也剛好要到紐約幫一家公司 IPO，而那家公司的財務長 Louis 剛好我也認識，心想如果 Louis 可以從投資銀行轉做財務長，那我應該也可以，後來我的這個想法

也實現了，還當了兩家公司的財務長，也有在紐約 IPO 的經驗。自己也覺得很奇妙，因為當時我只是想做，卻不知道如何做，後來發現如何做其實不重要，因為如果你真的想做，自然會找到方法。今年是阿姆斯壯（他還是我普渡大學的學長）登上月球 50 週年，想當初也是美國的甘迺迪總統對美國人民許下目標，十年內要把人安全帶上月球，並安全的帶回地球。甘迺迪總統當然不知道如何做到，但他知道只要有信心，設定目標後，做就對了。這有點像你晚上開車從台北開到高雄，你的車燈只能照到前面 3 公尺，眼前一片黑暗，不知道黑暗裡有什麼東西，但只要你設定目標，展開行動，這 3 公尺就會一直延續下去，直到終點。

《祕密》的第一步是去要求

《祕密》這本書裡提到了好幾個重要的觀念，像是「要改變你的狀況，首先必須改變你的想法。」如果你每天負面的想著為什麼失敗，就可以找到無數失敗的理由。但是如果你每天正面想著如何成功，也會想出很多方法。實行祕密的三個步驟就是先要求（Ask），再相信（Believe），最後接收（Receive）。就像《聖經》馬太福音 7：7 寫的：「你們祈求，

就給你們（Ask and you shall receive.）」。很可惜的是，很多人可能太客氣或是過於膽小，不敢去要求，跨出第一步，如果你不去爭取，又怎麼會獲得呢？前面說過，這也是台灣人在美國要和印度人競爭吃虧的地方，因為台灣人常常都不出聲，也不要求，總是默默努力做事。英文有句話 "Squeaky wheel gets the oil."，也就是「會哭的小孩有糖吃」，沒有跨出爭取的第一步，祕密法則就無法奏效。

在這過程裡，有個很有效的方法是建立日常儀式（Daily Ritual）和咒語（Incantation），也就是你要每天去想，不斷說服自己，而且不只想一次就算了。例如，阿諾史瓦辛格想當世界先生前，他就在家裡貼滿偶像照片，包括拳王阿里，每天起床後看到阿里的照片，就提醒自己往目標邁進，讓自己更有動力去健身房鍛鍊。咒語有點像自我催眠，也就是說，當阿諾每天看到阿里的照片，就會催眠自己是未來的世界先生，當阿諾自己都相信後，他的一言一行就是世界先生了，像英文講的 Act as if，或是 Fake it till make it，阿諾自然會去做他應該的訓練，吃應該的健康食物，最後就會變成世界先生，因為他早以為自己是了。另外一部 2001 年上映的電影「情人眼裡出西施」（Shallow Hal），劇情也類似，連安東尼‧羅賓也在電影裡面客串一角演自己。電影的中文名字

翻譯的真好，因為這就是安東尼‧羅賓在教的咒語，電影主角被安東尼‧羅賓催眠到只看得到女生的內在美，而不是外表，覺得自己的女朋友美若天仙，但別人卻覺得相反。

　　大家不妨好好讀讀這本書，親自試驗看看可不可以獲得這個成功的大祕密。

2. 有計劃的設定目標：你的信念、價值觀和信仰是什麼？

　　每個成功者一定會有目標，而且可能不只一個目標，也會一直調整改進。為什麼呢？因為如果沒有目標，很可能每天瞎忙，就像一直向西走找日出，不管你多麼努力，不但不會成功，還會愈走愈遠，愈做愈糟，因為往西是絕對看不到日出的。

　　目標這個東西可能有一點抽象，而且成功的定義對每一個人也不一樣（像有人希望要有好的家庭子女；有人想要健康；有人想升官賺大錢；有人想快樂等等），不太容易量化，舉一個有數字的實例大家就會知道。1979 年，美國哈佛大學做了一項研究（1953 年美國耶魯大學也做了類似的研究，而且得出類似的結果），採訪那年的應屆畢業生後，發現 84%

的畢業生當時沒有設立目標，13% 的畢業生有目標、但是沒有行動計劃，而 3% 的畢業生既有目標，也有行動計劃。10 年後，研究團隊去找回當初這些畢業生，發現那 13% 的人（有目標但是沒有行動計劃）是那 84% 的人（沒有設立目標）薪水的兩倍。但是更重要且驚奇的發現，是那 3% 的人（有寫下來他們的目標和行動計劃）的薪水，竟然是其他 97% 的人全部薪水加起來的 10 倍。

這個道理其實不難理解，因為有了目標後，做事就比較有方向，不會浪費時間在一些無謂的事情上。而如果能把目標寫下來，有效執行計劃，效果就一定更快了，因為可以天天看到回饋，立刻改進。這跟前面談到的吸引力法則一樣，有了目標，就會把你的注意力拉到對的方向。如果你坐上一架飛機，機長卻跟你說他沒有目標，不知道要飛到哪裡，先起飛再看看，你不會覺得很不可思議嗎？如果你每天得過且過，沒有目標，只是應付老師、老闆、父母或朋友對你的要求（等於在完成他們的目標），不也很奇怪嗎？如果這樣，你可能覺得天天很忙，有時還會覺得很有成就感，但你卻是都在忙別人的事情，完成別人的目標。

目標有長有短，我建議把目標分成 3 種來計劃執行。第一種是當天短期的目標 To-Do List，也就是每天一早或是前

一晚把今天要做的事一個一個寫下來，避免自己忘記。但更重要的是，這可以讓你排出先後順序，從最重要的事先做，不會先做別人的事，因為那不一定是對你最重要的事。假設你辛苦忙了一天，沒有全部做完，也不用懊惱，因為你知道你已經把最重要的事先做了，其他的明天繼續用一樣的方法努力完成。賈伯斯曾說過，他每天早上會先問鏡子裡的自己，如果今天是他在世上的最後一天，他今天要做的事夠重要嗎？如果不是，就別浪費時間了。

又例如，我自己在執行每天的目標時，會盡量減少被打擾的機會，像請祕書幫我接電話、留言，或使用語音信箱，等事情告一段落後，再一起回覆。Email 或手機 LINE 留言也是一樣，每天都是在固定時間處理，也許一天 2 到 3 次（可能早上一次，下午一次，晚上睡覺前一次），不會收到馬上回，因為那會打擾正在進行的工作，中斷思路，影響做事效率。另外，每個人最有效率的時間都不同，如果你是早鳥，就應該趁早上頭腦清楚時做最重要的事，下午午餐後、腦袋昏沉時，就做些簡單而又不得不做的雜事，像付帳單或洗衣服，將時間用在刀口上。記得小時候在台灣很迷電視連續劇「小李飛刀」，細節已經記不清了，但很記得小李飛刀為武林第一高手，另有一對武功排名第八、第九的兄弟，平

常武功平平，但是每天早上 11 點到下午 1 點，武功可以是平常功力的百倍，所以他們每次比武都挑午時，這當然是商業機密，武林沒人知道，讓這對武功平平的兄弟也可以混到武林前十大，成效事半功倍。所以你如果可以列出做事清單，排好先後次序，再把最重要的事排在最有效率的時段，即使你只是個普通人，也可能成為武林十大高手。

第二種是中期目標，可以是以月、季或年計算（通常不超過 10 年）。例如，如果你現在月薪是 3 萬元，就可以設立 3 年後要升到 5 萬元，或 5 年後升到 10 萬元的中期目標，這樣就可以計劃要升到副理或經理 / 總監，也會知道在公司如何努力升遷。若是你發現在公司要升到總監很難，或是升上去也賺不到 10 萬元，就可以讓你儘早準備不同方案，像是轉跑道或換工作，不要等到 10 年後才發現，後悔莫及。像我 1990 年雖然進了當時被認為是鐵飯碗的 IBM，卻發現公司同事工作 2、30 年後的薪水也不過如此，於是我馬上改讀 MBA，計劃轉行，先跑為妙。

設立中期目標一定要定期回顧審查，看看做事效果如何，需不需要修改行動方向，甚至修改目標。目標最怕沒有定期審查，否則不會知道效果到底如何。如同航空公司的機長從 A 地飛到 B 地時，都會一直觀察自己的航線正確與否，

除了看飛機的儀器，也會聽從地面塔台回覆，不斷調整、改正方向，因為常常被風一吹，很可能就會飛到 C 地，或是彎來彎去，並非直線飛行，浪費了時間和油料。許多公司常有週會和月會，用以檢討專案進行的進度，並在過程中設立好幾個里程碑，做需要的改進和調整，確保可以準時達成計劃。有問題一定要盡早解決，因為問題拖得愈久，就會愈嚴重，要花更多錢才能解決。你應該自己設立多個中期目標，用一樣的辦法管理。

最後，第三種目標是 10 年以上的長期目標，像美國財經大師吉文斯（Charles Givens）提倡的夢想清單。也有一點像「一路玩到掛」（Bucket List）這部電影（當然你不要等到像電影主角得到絕症後才去做），計劃一些很瘋狂的目標。你要問自己，如果做什麼都不會失敗，不管做什麼都可以，你會想做什麼？在寫你的夢想清單時，千萬不要幫自己設限，因為沒有不可能，而且你可以回想一下，通常大家會高估一年內可以做到的事情，但會低估十年內可以做到的事情。夢想清單就是要做大夢，想你這輩子中最想做到的事，愈瘋狂愈好，千萬別想如何可以做到。短期和中期的目標可能要實際一點，但是長期夢想清單絕對不要實際，因為是夢想，所以夢要做大一點，愈不可能愈好，重點是對你重要、

且真心想要的，讓你有熱情，想到就很激動，先別管如何做到。也就是用吸引力法則，只要你先想到，而且是真的很想達到，怎麼做到的方法自然會出現。像我在獻詞提到的，「當學生準備好了，老師自然會出現」。只要你準備好了這個夢想清單，方法自然會出現。

前面提到美國甘迺迪總統演講時表示，他夢想 10 年內把人成功帶上月球、安全送回地球。你若當時在現場聽這個演講，會不會覺得他瘋了？或是覺得萊特兄弟竟然異想天開想跟鳥一樣飛起來。「祕密」這部電影有個很感動我的故事，就是有位企業家亞薩拉夫（John Assaraf）用了願望板的方法，把想要東西的照片當做目標，釘在牆上的記事板上，包括有錢後想買到的衣服、手機、汽車、房子，甚至未來想娶的老婆。後來因故搬了好幾次家，很多之前打包的箱子就一直沒機會開封，後來一忙也就忘了，就一直堆在家裡的書房。直到有一天兒子到他的書房裡玩，問老爸箱子裡是什麼東西，他才把箱子打開給兒子看，突然看到他之前搬家忘記拿出來的願望板，上面有他多年前從雜誌上剪下的照片，是一棟上千坪的豪華別墅，於是感動的哭了起來。兒子問他怎麼回事，他說：「我現在終於了解吸引力法則的力量了，因為我多年前把希望買而買不起的房子照片釘在願望板上，當

我的夢想，掛了多年後，因為搬家而一直收在箱子裡，連我都忘記了，但是我的潛意識一直知道，所以我們後來搬了幾次家，一步一步的搬到現在住的大房子，而且竟然跟照片上不是類似，而是完全一樣。」連他自己也嚇了一跳。

而我自己也有類似的經歷，2001 年第一次去普吉島渡假時，看到那時住的 Villa 後院有個湖，還可以從後院直接上船享受晚餐、遊湖，讓我驚為天人，暗下決心以後一定要住這種房子。後來一忙也和亞薩拉夫一樣忘了，但也跟他一樣，在潛意識裡一直在執行這個想法，所以 10 多年後到了美國，突然發現我母親家附近就有這種房子，以前根本沒注意到。然而，因為一直列在我的夢想清單上，於是潛意識就一直在尋找，而我現在美國的房子就是後院有湖，並且可以直接從後院上船遊湖，跟 10 多年前在普吉島許下的願望完全一樣，我的臉書即可看到我家的照片。

我們常會說，如果你先讓我看到，我就相信你。但是，美國一位勵志大師偉恩‧戴爾（Wayne Dyer）認為正好相反，應該是 "You'll see it when you believe it."，也就是說，你一定要先相信，才會看見，這也就是夢想清單厲害的地方。例如，台灣的新竹科學園區或是十大建設，就和甘迺迪的月球夢想一樣，因先賢有遠見，先相信可以做到，後來才能真

的看到。

　　所以建議你空出 2 到 3 個小時（可以每年做一次），一個人找個清靜地方，最好是平常不會去的地方，山上、海邊、國外，或是渡假村都可以，放點自己喜歡聽的音樂，讓自己多些靈感，一邊喝咖啡，一邊激盪你的腦力，找到讓你有熱情的事，寫下瘋狂的夢想清單。因為如果你有 10 年以上的時間，不論做什麼都可以達到（下面會提到，只要做10,000 個小時，也就是每週 20 小時、做 10 年，跟我們這裡討論的 10 年計劃不謀而合，什麼事情你都可以成為專家）。或者應該這樣說，如果你沒有先有夢想，以後就很難達到夢想的目標。像我 20 年前的目標，除了是要住在靠湖的房子外，還想進投資銀行、具備在中國大陸上班的經驗、成為排名第一的分析師、上市公司的財務長，並且在 50 歲前退休，如果沒先有這樣的夢想清單，不但沒有努力的方向（包括潛意識），即使別人把好東西送到你面前（像我之前自己錯失的機會，如史丹佛大學電機研究所、交響樂團受邀去白宮表演、第一次高盛的工作機會等等），也會莫名其妙的被自己回絕掉了。

　　我發現，很多人很多時候都沒準備好，老師來了也不知道，讓大好機會擦身而過，是很可惜的。例如，我去年在美

國鳳凰城加入一個股票投資微信群組，組員們都是散戶，互相討論股票買賣訊息，第一次見面時，我跟大家說我做了 15 年的股票分析師，也很願意免費為大家回答任何問題，結果這 2 年來只有一個人問了我一個問題，還只是來要特斯拉的研究報告。所以老師來了，學生沒準備好也沒用。當然我不是說自己有多厲害，只是回想當初我在 IBM 當工程師時，想詢問關於股票的事，沒有一個人理我，如果當時有個人可以問不是很好嗎？明明是個很好的機會，送給你都還不要，完全搞不清楚狀況，只因為沒有對的目標，好似負吸引力法則，沒有準備好發大財，財神爺來敲門，你還打電話叫警察把他抓走，那也不能怪別人。有目標，就會讓學生準備好，隨時迎接老師的到來。

你的價值觀和信仰是什麼？

在設立你的目標時，要同時問自己的價值觀和信仰是什麼，因為你的目標要有一致性。例如，如果你對賺大錢有興趣，那你可能就不適合到公家機關從事公職，尤其是負責採購，但是如果你想做大事，像國父一樣，就可以設立目標救國家（所以國父說要立志做大事，不是做大官）。賺錢當然

也很重要，才有錢捐給國父，但是捐錢的人不一定適合當大官。這沒有對錯，適合與否只有你自己知道，因為最終你必須對自己負責，做自己喜歡的事，才能走得遠。

你的職場計劃也是一樣。如果你的價值觀像郭台銘一樣，不喜歡有老闆管你，喜歡冒險，不怕失敗，就很適合創業（所以郭台銘也不適合打工）。如果你覺得自己是個乖乖牌，喜歡工作穩定，每天準時上下班，可能就適合成為上班族，或是公務員。如果你喜歡小朋友，就可以考慮當小學或幼稚園老師。總之，如果做一些跟你價值觀不一樣的事情，就會很難成功，難以長久。

最後有兩個法則在設立目標時要考慮周到。第一是風險和回報（Risk and Reward），這本書裡我經常提到這個法則，因為它可以適用在投資、生活和職場，也就是如果回報愈大，風險一定也愈大，兩者絕對成正比。如果你想和郭台銘一樣當台灣首富，風險一定很大，創業很可能讓你傾家蕩產，他不僅跟母親借錢，全部壓下去，基本上一週上班 7 天，每天 24 小時，連郭台銘自己都開玩笑的說，總部設立在土城，是因為如果三點半支票跳票，要坐牢，可以離土城看守所近些。所以如果你怕風險，像我一樣，最好不要一開始就創業。沒有風險，當公務員，不是不好，薪水可能也不

高，就像錢放在銀行定存一樣，雖然安全，但回報率不高。所以你的目標要有些風險，但如果能適當的控制風險，就有可能有較高的回報。前面我已經建議有適當風險而薪水高的一些工作。

第二個法則是天下沒有免費的午餐，也就是你要願意為目標付出，而且是做任何事。假設你的目標需要做十件事，而你只願意做到九件，但通常就是你沒做的那第十件事會決定你成功與否。因為如果目標那麼容易達成，這個目標可能也沒什麼意義。英文有句話 "No Pain, No Gain."（一分耕耘，一分收穫），就是這樣的意思。就像如果你練習舉重，肌肉沒有疼痛，表示你舉的重量還不夠，你想練出肌肉也就比較難，至少不會像你希望的快。又或者你想當電影明星，像劉德華既受歡迎，歌唱又好聽，電影也很賣座，但你知道他私下付出了多少努力嗎？我多年前有幸到北京參加「富春山居圖」電影殺青的最後一幕，在電影拍完後，看到劉德華和林志玲等演員上台致詞，我深深記得他們說，為了趕拍電影，他們已經好幾天沒睡覺了，光這一點，就知道他們的成功不是隨便得來。又例如，2000 年我去雷曼兄弟公司應徵工作，那個印度主管進來的第一句話就是說他好幾天沒睡覺了。

如果你照以上的建議，找到自己有熱情的目標，那恭喜

你，因為你做起來一定會事半功倍，而且只要做的好，錢自然會來，不是先賺錢，才做的好，而是先做的好，才賺錢。

力行一萬小時法則

美國暢銷書作者葛拉威爾（Malcom Gladwell），在他所寫的《異數》（*Outliers: The Story of Success*）這本書裡對許多歷史上成功的人物做了一些研究，發現只要認真學一件或做一樣東西，花一萬個小時之後，你就一定會成功變成專家，像中文講的：「台上十分鐘，台下十年功。」他以披頭四為例，說他們在小酒吧表演多年，已充分準備好，後來機會一到，就一炮而紅。比爾‧蓋茲也一樣，因為年輕時家庭環境讓他可以比別人更早接觸到電腦，玩了多年電腦後自然就創立了微軟。前面提到的阿諾史瓦辛格，也是白手起家，年輕時即立志要當世界先生，天天在健身房苦練。有人問他每天做多少個仰臥起坐，他說不知道，因為他通常是做到痛了之後才開始算。他說別人都說苦練好辛苦，但對他來講，每次苦練就覺得朝目標又近了一些。那時他連英文都講不好，白天要打工養活自己，晚上還要去上課，學習演電影，別人問他這樣有時間睡覺嗎？他竟回答：「睡快一點就好了。」所

以後來他不但成為電影明星，還當了加州州長，就是因為他有遠見，設立了對他有熱情的目標，做了一萬小時的準備。我也是如此，在學校雖然數學還可以，但文學很糟糕，不管中文或英文都很爛，但當分析師必須天天寫報告，10多年後，練習了一萬小時，我也進步到可以寫這本書，我以前的老師應該覺得不可思議吧。

　　成功的人一定有很好的時間管理習慣。因為時間是錢買不到的，但也是最公平的，不管你是誰，億萬富翁或窮人，總統或平民，每個人每天都只有24小時，不會多，也不會少。而成功的人會把時間管理的很好，因為這是無價的資源，比錢重要太多。你可以把你的年薪先除以50個星期（假設年假2星期，每年上班50星期），再除以每星期上班40小時，就可以算出自己每小時的價值了。假設你的年薪是100萬元，那你每小時的價值即是500元，這樣如果你可以花比你時薪少的錢請人幫忙，像剪草或打掃，就應該請人代工。所以很多公司會考慮所謂的外包，像醫院，他們的專長是看病和開刀，對電腦系統不懂，也不想懂，因為不是他們的專長，就會想辦法外包非核心業務，可能是花300元一小時去外包電腦資訊業務，把這個時間花在自己的專長，創造高價值，多賺些錢，若是每小時可以賺1,000元，就可以多

賺 700 元，這樣的時間管理才有效率。這也是為什麼蘋果只做品牌，因為品牌的毛利是 60% 到 80%，把製造交給台灣代工，因為代工的毛利只有 3%。

把自己的時間管理好，專注在高價值的事，這樣你的回報才會高，企業也應該找機會往價值鏈的高端移動，而不是每次都低價搶單。

3. 做事要有熱情：精力管理比時間管理還重要

時間管理的其中一種方式是之前討論過的：每日工作清單（Daily To-Do List），寫下每天要做的事，按重要性排先後次序，重要的先做，把高價值的先完成。這也包括很多重要而不緊急的事，像運動、吃健康食物或讀書學習，短期內看不出效果，做不做都差不多，如果你可以把時間花在對的地方結果就會大大不同，而這也是成功者與失敗者最大的差異。失敗者通常不注重時間管理，來什麼做什麼，想做什麼做什麼，沒有計劃，一個朋友打電話過來聊天，2 個小時就不見了，做事不分輕重緩急，有空就滑手機或看電視，其實都是不懂善用時間。

除了時間管理外，另外一個更有效的方法就是精力管理。例如，如果你早上的頭腦比較清楚，你上班忙了一天，晚上回家吃完晚餐後，可能會累得只想在沙發上看電視，也就不可能寫出好的夢想清單或偉大的目標。所以，除了排時間做事情以外，更要清楚你最有精力的時段。每個人不同，有人可能每天有 4 個小時精力旺盛（像早上 9 點左右），之後的 4 個小時可能頭腦昏沉（像下午吃完午餐後），回家後的 4 小時可能累得只想躺在沙發上。因此，你每天排行程表時，應該把時間花在刀口上，讓你精力最好的時段處理最重要的事，對症下藥，這樣效率才會高。如果把精神最好的時候拿來看電視，就很可惜。

在 NLP（Neuro-Linguistic Programming）的課程裡，有個理論叫做支柱（Anchoring）。你可以想想，自己有沒有過做事所向無敵的經驗，做什麼都令人拍手叫好，像林書豪在紐約的那幾場球賽，怎麼投都進。或是有些時候，做什麼事情都做不好，連回家都會迷路？這些即是你處在最糟的情況（State）或最好的情況（Zone）。如果你可以想辦法用支柱的方法把自己放在最好的情況，那表現當然就會好。一個很簡單的例子是，很多人上班前會去買星巴克咖啡，而這就是一種支柱，因為除了咖啡因之外，這個支柱也會跟你的潛意

識連接，告訴自己要上班了，準備好進入上班狀態。當然這個支柱和潛意識必須要多次訓練才可以連結起來，但是一旦訓練好了，就可以很快讓你進入最好狀況，交出最好表現，這也是為什麼有人每天早上不喝咖啡就覺得怪怪的，或是在家裡就無法念書，一定要到圖書館裡才讀的好，因為他已經把這個支柱定在內心，讓圖書館和念好書綁在一起。當然用錯了也會出現負面效果，像有人把食物、烈酒和快樂連結，就會造成問題（吸毒也是一樣，除了生理，心理因素也很重要）。

職場中常會聽到：「如果你要把事情做好，去找最忙的人就對了。」因為最忙的人通常最會管理時間，他如果答應你，就一定沒問題，不像有些人愛拖延，明明沒事做，也不去處理你的事，真是急死人。

第 8 章

找到持續的動力，做最好的自己

理由才是驅使你長期行動的關鍵

How to be the best version of yourself and motivate yourself

♪ "I get knocked down, but I get up again." - Tubthumping
by Chumbawamba ♪

1. 為什麼比做什麼重要：
設立目標後，要先有理由，行動才容易恆久

最近不少新朋友問我如何才能財務自由，或者簡單說，就是像高雄如何發大財。我通常會反問：「你是隨便問問呢？還是真的想知道？」因為重要的是，你為什麼想要財務自由？如果可以一步登天，像吃顆藥就可以達到目的，那麼可能每個人都已經發大財了，這個目標也沒什麼價值。

這裡想跟大家分享一個概念，就是美國激勵大師安東尼・羅賓提出的執行效率法則：OPA（Outcome、Purpose、Action；目標、理由、行動）。也就是說，目標定了之後，要先找出理由，才能去行動。

當然做任何事都需要有目標，像財務自由就是一個很好的目標。大家也都知道行動的重要性，因為沒有行動，什麼事都不會發生。但我覺得很多人都忽略了把目標和行動連接的「理由」，因為這3個步驟缺一就不容易維持下去，尤其是很少被大家談到的「理由」。

例如，很多人想減肥，包括我在內，這個目標很明確，如何行動就更容易，不就是少吃多運動嗎？那為什麼大部分的人還是體重過重呢？就是缺少減肥強而有力必須減肥的

「理由」。

　　如果沒有足夠的理由，也許短期內可以用意志力強迫自己少吃多運動，但是我保證一定無法持久。你只要去健身房看看，每年都是新年後大爆滿，但這個 3 分鐘熱度幾個月後就消失了。

　　改變習慣，也是一樣的道理，光憑意志力很難長期維持。那要如何才能做到呢？以戒菸為例，可以用正面理由，譬如省錢，假設每包香菸 100 元，每天少抽一包，一年就可以省下 36,500 元。但更有效的辦法是用負面理由，也就是恐嚇自己。我聽過一個故事，有一天有個小女兒看到爸爸抽菸哭了起來，爸爸問她怎麼回事，女兒就說：「我不想你那麼早死，因為天天抽菸，以後會無法參加我的婚禮。」這個理由夠力，讓父親嚇到馬上就戒菸了，一點也不需要意志力幫忙。我雖然鼓勵正面思考，可惜人性並非如此，雖然會趨吉避凶，但是避凶通常給人的動力比趨吉大。去賺 100 萬元，或是避免被搶走 100 萬元，哪一個會讓你更有動力去做？要有強而有力的理由，才能讓行動長久持續下去，達到預設的目標。這有點像釜底抽薪的感覺，找到最重要的關鍵，做起事來就會簡單許多，事半功倍，而「理由」就是這個關鍵。

　　財務自由也是一樣的道理，沒那麼難，只要花的比賺的

少，錢存的愈多愈好，做對的投資就好了。就像減肥一樣，講很容易，但如果沒有激勵人心的理由，就很難維持下去。例如，多花點時間陪伴家人、環遊世界看到不同的國家、有錢給下一代受好的教育，甚至是夢想清單中會出現的搭私人飛機旅行、到夏威夷過退休生活、品嘗五大酒莊的紅酒等等的正面激勵，都很好。但是負面的理由，例如可以不用再看到討厭的老闆或同事、不當窮苦老人、生病有最好的醫療資源、買東西不被價錢限制等等，可能更能激勵你行動，因為如果財務不自由，就必須面對這些問題。

最後再分享安東尼・羅賓的另外一個概念，就是 CANI（Constant And Never-ending Improvement；持續和永久的進步）。如果每天能進步 1%，1.01 的 365 次方就是 37 倍成長，但如果每天退步 1%，0.99 的 365 次方是 0.026，就離零不遠了。每天要達到一些很小的進步，並不難，用在 OPA 上，很像存錢的複利回報，就會離你的目標，如財務自由，又近了一步。如果有了對的理由，要維持每天小小進步的習慣就變得很容易，長遠一直做下去，不管是財務自由或是其他目標，也都可以輕而易舉的達成了。

問題問對了，好的答案就會出現

我在安東尼·羅賓的書上還學到一個很有用的法則：Questions are the answers（你問的問題就是你的答案），有點類似吸引力法則。例如，假設你被老闆指派了不喜歡的任務，如果你一直問為什麼老闆那麼不喜歡你，或者這個任務讓你討厭的地方在哪裡，你一定可以想出很多答案，可惜這不僅於事無補，甚至會讓你心情更不好而愈做愈不高興。但是，如果你可以轉問自己正面的問題，例如，如何可以把這個事情做好而同時又很高興的做下去，或是這當中可以學到什麼新的有趣事物，那你的答案可能就會好很多。也就是說，如果你一直問自己負面原因，一定會找到一大堆，但是如果你問自己正面的問題，也可以找到很多。

你如果天天問，自己為什麼賺不到錢或是為什麼低薪，我保證你一定可以想出很多很厲害的理由，但是這樣有意義嗎？然而，如果你改問自己如何可以賺大錢，或者如何可以找到更好的工作，創業變成老闆或被升遷，這樣你的答案就會對你有更多的幫助。

2. 做事積極主動：
目標導向，排出先後次序，用最高標準檢視

知道為什麼之後，就要知道如何開始進行。美國勵志大師史蒂芬‧柯維（Steven Covey）雖然在 2012 年過世了，但他的七個提升效率的方法可以給大家很好的參考。其中前三個是個人習慣，後三個是與別人一起共事，最後一個是長期做法，後來他又創造了第八個習慣，這個習慣下一章再詳細討論，這裡先介紹前三個，因為先把自己管好，才有能力和別人共事。

第一個效率習慣是 Being Proactive，也就是做事要積極、負責。這種人在公司裡最受歡迎，升遷也最快。像我曾遇到有些人，請他做三件事，人還沒離開，他就忘記第一件和第二件事，最後第三件也只做了一半而已。真的會做事的人，只要跟他說一件事，他就會想到第二或第三件事，舉一反三，想到可能發生的各種狀況，事先準備好，以防萬一。當然很多必須靠經驗，但很多也是看自己夠不夠主動，萬一第一次犯錯，沒關係，但絕不能第二次犯同樣的錯誤。可惜我在職場中發現，主動的人其實不多，很多人也一直犯同樣的錯誤，完全不當一回事，這樣的人當然升不上去，不被開

除就不錯了。

而負責就是把事情當做自己的事來做，我在 IBM 工作時，公司就常灌輸我們 Take Ownership（自我負責）的觀念。就是你做一件事，不管成功或失敗，你都必須負責，不能怪別人或是推脫責任。其實這也是管理一家公司最有效的方法。有一個故事說，一位佛教徒去廟裡拜拜，看到旁邊在拜拜的人竟然是佛祖本人。信徒就好奇的問祂：「你為什麼也在拜拜？」佛祖回答：「靠別人不如靠自己，因為求自己最快。」這真是一針見血，你若有求過別人，就知道真是件辛苦的事。願意幫你的人不一定有能力，事情也不一定做的像你希望的樣子。不願意幫你的人，就更不用講了。尤其如果你連自己都不能靠，還妄想靠別人？這種邏輯不是很矛盾？

另外，每一個人的想法都不一樣，所以你唯一百分之百可以信任的就是自己。例如，如果跟同事合作，很多人可能認為自己負責一半，同事負責另一半最公平。這樣不一定有錯，但是你無法控制另一方，如果他做的事情你不滿意，或是你覺得他沒做到你認為的那一半，很可能會不高興。最好的方法就是自己百分之百負責，該做什麼就做什麼，另一位同事能幫忙你當然最好，不能也無妨，因為你的目的是把事情做好，不是在算誰做的多，誰做的少，也不會生氣你無法

掌控情況，因為你不可能逼別人做他不會或不想做的事情。俗話說：「一個和尚挑水喝，兩個和尚抬水喝，三個和尚沒水喝。」凡事靠自己最實在，靠別人就有不確定性。當然，如果都是你在做事，你的同事只知遊手好閒，就是你去找不同和尚的時候了。對別人失望是最浪費時間的事情，把這個心力拿來奮發圖強，還比較有效率，就像佛祖自己拜自己一樣。

第二個效率是 Begin with the End in Mind，也就是前面提到的 OPA 的 O（Outcome），即結果論。因為做什麼事情都要有目標，沒有目標，再怎麼努力也沒用。這也是我為什麼對台灣社會常講的「沒有功勞，也有苦勞」很感冒，這也是很多公務員的想法，覺得只要自己每天上班 8 小時，公司賺錢賠錢都跟他沒關係。有一個投資股票的客戶跟我講過，他寧願聽我說實話，即使我沒有看法或沒有任何資料都沒關係，也不要聽我瞎猜，因為錯的資訊比沒有資訊還危險。

所以有很多事情我會從後面往前推，也就是從結果開始回推。例如，如果我要 10 年後存到一千萬元，我就會從 10 年後推回今天，看看每年要存多少，而不是我每年先存些錢，然後 10 年後再來看看存了多少。或者像我之前寫的百頁研究報告（或是寫這本書），都是因為知道哪一天要出

版，就以那個日期往前推，以此規劃工作的時間表，看哪一天要交出第一版草稿、第二版草稿，設定各項里程碑，而不是用沒功勞也有苦勞的想法，以為只要每天有做，時間到了交出去就好，成果好壞跟我無關，遲交也不管，交差就好，這樣可能就沒有苦勞，只有疲勞了。

我年輕時剛開始是工程師，那時不懂事，很看不起業務同事，覺得產品都是我在做，他們只憑一張嘴在外面跟客戶騙吃騙喝，就有生意進門，更氣的是他們的薪水竟然比我還高。後來自己做業務才發現根本不是這麼回事。其實業務的壓力很大，要扛業績。不像工程師每天上班就有錢賺（當然每一個人都有壓力，但工程師的壓力一定沒有業務多），業務如果東西賣不出去，上多久的班也沒用，就是以結果論衡量。只要東西賣的多，不但薪水、佣金多，不進辦公室也沒人管你。所以，如果你的目標是上班時數，不是銷售業績，那你這個業務可能做不久。後來發現大部分公司的老闆，尤其是從中小企業白手起家的公司，像郭台銘或賈伯斯，都是公司最好的業務出身，了解目標導向的重要性。就像你坐飛機，如果飛機不知道目的地，而是隨便亂飛，不是很荒唐嗎？

第三個效率是 Put First Thing First，也就是做事要排先

後次序，這個概念我在前面提過很多次，因為真的很重要。我在投資銀行工作時經常把這句話掛在嘴上，因為要做的事情很多，如果我每天要回覆近千封的 Email、十多通的電話，那我一天就毀了。因為即使我每週上班 7 天，每天不睡覺，24 小時工作，事情也永遠做不完。所以我只能先做重要的事，跟第三個習慣一樣。

美國有一個很有名的企業家卡內基（Andrew Carnegie），有一天遇到了一位效率顧問，就問他說：「如果你可以給我一個好的建議，我就付你這個建議價值的錢。」這個顧問就回答道：「我建議你每天早上把今天想做的 10 件事情都先寫下來，然後按重要順序排出，從第一件開始做到第十件。萬一你沒時間全部做完，至少你已經把最重要的事做了。」後來卡內基試行了一星期，就決定寄一張一萬美元的支票給這位顧問，這是 1890 年的事情，所以這筆錢今天可能價值好幾十萬美元了，因為卡內基覺得這個建議價值連城，而你現在只付了這本書的錢，就可以獲得同樣的建議。

1991 年有部電影叫「城市鄉巴佬」（City Slickers），主角比利・克里斯多（Billy Crystal）問一個老牛仔〔演這個牛仔的傑克・派連斯（Jack Palance）後來還得了奧斯卡最佳男配角獎〕人生的祕密，老牛仔就用一隻手指比了個一來回

覆，也就是告訴他，你只要找到生命中對你最重要的一件東西，而這一件東西只有你知道，也只有你才能決定，就會帶給你不管是成功，還是快樂的目的。有點類似所謂的 20/80 法則，也就是如果你做對 20% 的事情，就可以達到 80% 的效果。所以不管是每天的 10 件事或 20%，還是老牛仔說的一件東西，只要你先開始做最重要的事，就會獲得最大的效果。

在這裡要提一個跟先後次序一起並用的概念，也就是重要和急迫的不同。如果劃出一個 XY 軸線（如下頁圖 4），X 代表重要性，Y 代表急迫性，四個區域就代表有四個可能狀況。第一個區塊（右上角）是既重要又急迫的事，像遇到火警會馬上通知消防局，這是不用想也會做的事。第三個區塊（左下角）是既不重要、也不急迫的事，像看電視，這種休閒活動不是不好，但是要盡量減少，因為對你的長期目標沒什麼用。

可是接下來兩個區塊是分辨很多成功者和失敗者的關鍵所在。左上角的第二區塊是指不重要、但卻急迫的事，比如你的電話響了，或很多人每 5 分鐘就會看 Email 或 LINE，這些可能是很急迫，但是沒那麼重要的事，晚一點做也沒關係。跟我熟的朋友都知道，有什麼急事就發手機簡訊給我，

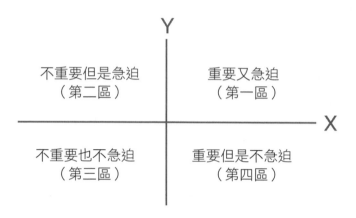

圖 4　Source: Stephen Covey

如果很重要的事，我一定馬上回覆，我學會很少接電話，通常會請祕書或同事幫我過濾，因為一不小心一個長電話一個小時就會不見了。與其很不禮貌的和對方匆匆講 5 分鐘後掛斷電話，不如找個空閒時間好好把話講清楚。我後來發現，有很多的電話其實沒那麼重要，也不一定要我處理，一半的人連留言都不會，因為他們找別人問也一樣可以找到答案，完全不需浪費我的時間。而真正重要的事情少之又少，這些我也一定會在 24 小時內回覆。很多人把急迫當成重要，浪費很多寶貴時間，真是可惜。

我後來發現最重要的是右下角的第四區塊,也就是重要、但是不急迫的事情。第二區塊的人看起來很忙,但是都是瞎忙。而第四區塊通常是決定你成功或失敗的關鍵。例如,你的健康很重要,甚至是最重要的,但因為沒那麼急迫,很多人在年輕時不注意,經常暴飲暴食,大啖美食美酒,又沒有運動,很多慢性病,包括癌症、高血壓、糖尿病、脂肪肝、痛風等等,都是沒注意到第四區塊才發生的。第四區塊的問題是它沒那麼急迫,就容易讓人疏忽了,或是覺得現在不急,以後再說,但如果心臟病發或中風了,可能也就沒有以後了。很多需要長期訓練的,像學習英文或閱讀勵志書,短期可能也沒那麼急迫,可是真的很重要,是可以讓你找到好工作,薪水翻倍的事。如果你仔細想想,也應該可以想出你自己在第四區塊該做而沒做的事情。

總之,做事的先後次序非常重要,因為你的時間和精力有限,而且要多做第四區塊的事情,減少第二區塊的事,你每天早上的 To-Do List,按重要程度排出之後,會幫助你把時間花在刀口上,而不是每天急於救火,以為自己很忙,其實都是在瞎忙,把行動(Activity)錯以為是成果(Achievement),下面章節會再深入探討。

3. 讓自己更好不是自私：
先做最好的自己，才有能力幫助別人

　　一直在談自己好像有一點自私，但中國有句話說：「修身、齊家、治國、平天下。」如果自己都過得不好，要如何幫助別人呢？中國還有一句話說：「人不為己，天誅地滅。」雖然聽起來很現實，但卻是社會的真相，事實通常很殘酷。不過，飛機上的安全廣播，不也是叫你先戴起自己的氧氣罩，再幫旁邊的小朋友嗎？所以我一直很欽佩國父和黃花崗烈士，把別人放在自己之前，真是不簡單。

　　有很多方法可以讓自己更好，一個是學習，想辦法不斷增加知識。我一直很建議大家多看書，尤其是勵志書，書中很多想法都是我跟許多大師學來的，英文稱為 Modeling，也就是模仿學習。例如，如果你要學做美味的蛋糕，自己研發不是不行，但會走很多冤枉路，犯很多錯誤，而且還不一定做的好。但如果你跟甜點大師學習，看他們的書或是參加他們的課程，學的就會更快，因為他們會教你蛋糕要放哪些原料、用量多少、烤箱要用多久、幾度等等，你只要跟著做好，不用自己發明。這也是看書的重要性，基本上你可以把專家多年，甚至一輩子的經驗和知識在幾小時中學會。

現在因為科技發達，學習知識可以更快、更便宜，也更方便。像使用 YouTube，不用花錢就可以看到很多專家的演講，又如 TED 也是很好的平台（所以我一直強調英文很重要，因為很多演講沒有中文字幕，而且多數中文翻譯也不到位）。我自己很喜歡聽有聲書（Audiobooks），因為有時眼睛用了一整天想休息一下，用聽書的方法，也可以獲取一樣的知識，而且聽書的好處是可以一邊開車（或走路、做事），一邊聽，節省很多時間，多數時候我會晚上睡覺前聽到睡著，可以讓自己睡著後腦裡的潛意識繼續學習，做個好夢。現在的中文有聲書也開始多起來了，可以好好利用。另外一個方法就是用 Podcast，這個中文好像比較少，但在美國已有上百個或上千個，五花八門，什麼主題都有。像我以前每天晚上 6:30 會準時守在電視旁看每晚的全美新聞聯播，可以知道一天發生的大事。但現在用 Podcast 可以看到或聽到完全一樣的節目，不需要守在電視旁邊，想聽隨時可聽，還沒有廣告，30 分鐘的電視節目，20 分鐘就可以看完。Podcast 除了新聞，還有其他有用的節目，如投資、理財、股市、健康、運動、電影，上有天文，下有地理，應有盡有，就像是免費的有聲書。在這裡介紹一個很棒的 Podcast，叫做 ChooseFI，是由巴瑞特（Brad Barrett）和門多薩

（Jonathan Mendonsa）主持，每星期 2 集，現在已經播出 150 集了（每星期有 A 和 B 兩集，所以其實已經有 300 集了）。這個節目主要是談 FIRE，也就是這本書的主題，所以我每星期必聽，也會建議讀者去聽。

在美國還有 TIVO 的機器，現在進步到 DVR，也就是你可以把電視上的節目直接錄下（有的還不用錄，節目放在雲端），有空隨時看，不用守在電視旁邊，除了不會錯過，還可跳過廣告，快速略過不想看的部分，省下很多的時間。總之，科技可以帶給我們很多的方便，只要你不浪費時間在無聊的社群網站或遊戲，科技能夠幫助你學習和獲得更多的知識，像 Fitbit 可以幫你計步，達到每天運動的目標，或是 Google 可以查到任何資訊，幫你更快、更有效率的做更好的自己。

做最好的自己可以有很多層面，最直接的方法就是多賺錢，不但可以提早退休，還可以做很多事情，包括公益活動。如果你錢不夠，即使想捐錢也很難，只能募款。但是如果你像巴菲特或郭台銘，想幫別人，只要一句話就搞定，這樣不是更有效率嗎？我當然不是鼓勵大家自私，而是當自己有足夠的能力，最好是多餘的能力，才會有更多能力幫助別人。

前面提到的 OPA，也就是做事前先要找到理由。如果是為了可以有能力幫助別人（很多能力都很重要，而賺大錢、做公益是最直接且最有效率的方法），讓這個世界更好一點，這應該是做最好的自己最好的理由了。

第 9 章

弄清輕重緩急，不瞎忙

如何跟別人合作，增加效能及解決問題

How to work with other people,

improve effectiveness, and solve problems

"Houston, we have a problem." - Apollo 13

1. 辛苦做事和達成目標是兩回事：
Do the right things，而不是 Do the things right

　　看到台北市政府有人在唱這首歌，我就想到一個經驗，就是在公司裡忙了一天，又接電話，又去開會，有空趕快回個 Email，忙到連午餐可能都沒空吃，或是很快的隨便解決，然後又被老闆或同事拉去討論事情，一天就這麼過了。

　　這是以前我在投資銀行上班時常有的經歷，我每天都會接到上千件 Email，而且有 20% 到 30% 是需要回覆的，電話也永遠接不完，尤其股市一開盤後，如果我負責的科技股，像鴻海，不管是漲是跌，或者有什麼新聞發生，Email 和電話都會蜂擁進來，問我怎麼回事。早上 4 點會先從美國收盤開始，然後 7 點有台灣晨會，7:30 有亞洲晨會，8:15 有香港晨會，接著是股市開盤，先是日本，再來是香港和台灣，下午 2 到 3 點再參加歐洲晨會，開始接到歐洲的客戶或同事的電話、Email，然後晚上 7 點輪到紐約晨會，9:30 美國也開盤了。跟我熟的朋友或客戶、同事都知道，如果有急事，發簡訊給我最好，因為我幾乎都在電話中，不會接插播，因為不禮貌，要不然就是在開會，而在會議裡接電話或回 Email 也是不禮貌的事情。後來我根本不太敢接電話，因為有時接

了之後，可能一個小時就不見了。

　　還是菜鳥時，忙了一天後雖然很累，像個無頭蒼蠅，但覺得很充實，有時還會覺得很高興、很有成就感，因為那麼多人都要找我，不管是要我幫忙，還是問我資訊，都覺得自己好像很重要。但跟老闆開週會、報告時，卻又說不出做了什麼有意義的事情。這就是我做了很多「緊急」，但不重要的「雜事」。

　　很多人把行動（Activity），誤以為是成就（Achievement）。這有點像搬家，本來住的好好的，花了一整天時間，忙進忙出，搬到隔壁房間。基本上忙完的結果，開始跟結束都是一樣，沒什麼進展，只是覺得自己很忙，好像做了很多事，但根本沒做出什麼成績。像老鼠跑鐵圈或是挖洞再補洞，辛苦了半天結果回到原點，有行動，但沒成就。這也是效率（Efficient）和效能（Effective）的分別。效率的意思是把事情做好，而效能的意思是做對的事情，你細想，其實有很大的不同，因為如果做的事不是對的事，做的再好也沒用。只是大家比較少用效能這個名詞，所以常把效率和效能混用。這本書中提到的效率，其實是在效能的前提下討論，因為做對的事情，才有意義。而你做事時，也要先確定是對的事情（效能），再考慮效率。

前面有提到列出一個做事計畫表，按輕重緩急的次序來做，就是很好的辦法。有了目標後，不會讓很多無聊的雜事妨礙到你，讓你偏離方向，做很多緊急、但是完全不重要的事。

另一個方法就是跟自己定個開會時間，像別人約你開會一樣。例如，每天我會將行程表中早上 8 點到 10 點列為自我開會時間，做一件需要專心不被人打斷的事情，像寫研究報告或是長期策略計劃，在這段時間裡不接電話、不回 Email，專心跟自己開會，除非是非常緊急的事，不然絕不受打擾。

2. 尋求雙贏：一加一可以大於二

提高效率的另外一個方法就是找人合作，畢竟一個人的能力有限，所謂三個臭皮匠，勝過一個諸葛亮。在商場上唯一可以長久做生意的就是找到雙贏的商業模式。因為如果都是你贏，對方也不是笨蛋，騙他一次就沒有第二次了。如果都是對方贏，你也不是來做公益的，而如果雙方都輸，那就更沒這個必要了。除非你是只想騙人做一次的生意，不然一

定要想出雙贏模式，這也是為什麼有人說政治不容易，因為基本上是零合遊戲，只有一個人能當選總統或市長。

但要如何雙贏呢？就是要知道對方想要什麼，以及對他重要性的先後次序。有一點像現在的中美談判，可能一方要面子，一方要裡子，不可能單方面子、裡子都可以拿到，那就要想一個雙贏的方案，讓雙方可能都不是百分之百滿意，卻可以接受。美國銷售大師金克拉曾說：「如果你要對方給你要的東西，你要先給他想要的東西。」英文叫做 "You scratch my back, and I will scratch yours." 這樣雙方都可以拿到他們想要的東西，創造雙贏。

商場上比政治容易，是因為還有另一個方法，就是把餅做大，或是善用一加一大於二的概念。不像政治只能你贏我輸，你死我活，因為總統只有一個。例如，政府的預算可能就是一百元，給你 80，我只剩 20。但是如果公司的薪水預算只有一百元，可以想辦法多賺一些錢，加上獎金後可以給你 80，也可以給我 80，所以生意人通常比較靈活，會想不同的方法，達到兩全其美的狀況。

雙贏的一種方法就是給對方足夠的激勵（Incentive），薪水是其一，也很重要。公司發股票分紅也是一樣的道理，除了成本低（因為分發新股給員工基本上是全部股東買單，

包括非員工沒拿到分發新股的股東），也是讓大家有 Skin in the Game（切膚之痛，下面會細談），如果公司業績不好，股價下跌，大家一起倒楣，因為大家都是股東，跟公務員不一樣。這也是很多旅館酒店在訂位時要你的信用卡卡號來擔保，讓你 Skin in the Game，這樣就不會隨便取消訂位，更不會不來，因為會被罰錢。

有一個很有效的激勵，不管是對自己，還是公司，那就是要有蘿蔔和棒子，這是提高效率很重要的方法。我比較喜歡正面思考，愛用蘿蔔，可是多年的經驗告訴我還是棒子有效許多，可能是因為人性的關係。蘿蔔就像前面談到的第四區塊，重要、但不緊急，像公司加薪當然很好，但是沒加也還好。棒子則像第一區塊，又重要、又緊急，比較容易讓你馬上去做。

最後要記得一個概念，那就是如果雙方談不攏，就應該離開，沒有協定比同意壞協定或甚至騙人好。因為如果簽了壞協定，就代表兩方有一方不滿意，這個合作肯定不會常久。吃虧的那方可能想先做了以後再改條件（在亞洲常發生，就是先把你騙進來再說，也有人誤用，以為先求有，再求好，因為只有單方同意），這樣一定會造成合作不愉快，搞到爾虞我詐，沒這個必要。除非你是存心想騙別人（這在

社會上也常看到，我自己也被騙了幾次），不做回頭生意，如果你在乎自己長遠的信譽，想跟對方建立長久關係，寧可直講，這次不行下次再談，搞不好對方會欽佩你的直白，同意特別讓步也不一定。總之，No deal is better than a bad deal.

3. 切膚之痛是合作的前提：Skin in the Game

一個在商場合作很重要的概念就是 "Skin in the Game"，中文不太容易翻譯，字典上名詞解釋接近「衍生的風險」，有人把它翻為「不對稱陷阱」，我覺得用「切膚之痛」說明比較貼切。我第一次聽到這句話是在公司會議中，EDS 前大老闆 Edward Yang 告訴我的。當時我們在談一個跨國投資案，因為不知道對方對這個案子的重視度，他就說，如果對方也願意放錢進來，我們就會慎重考慮投資。也就是說，要做什麼事，大家一起來，如果賺錢一起賺，但是賠錢也一起賠，講不好聽一點，就是大家一起死。這樣基本上可以把大家的利益綁在一起，有一樣的目標，比較不會有人扯後腿，或者只是想找你當金主，賠錢跟他們沒有任何關係。

我這裡就有個最近才發生的小例子。我朋友有一個房子

出租，租客跟我的朋友說，他想換房間的地毯。因為房客已經住了幾個月了，當初搬進去也覺得地毯沒問題，所以我朋友本來並不是很想多花這個錢。後來也想對房客好，就問我的意見。我提了一個建議，請朋友跟房客說：「這個新地毯的費用是 1,800 美元，如果你願意多簽一年租約，新租約第二年每月多付 $50 房租，也就是這 1,800 美元的費用由你負擔 600 美元（$50×12 月），我負擔另外的 1,200 美元，反正都是你在用，因為是你住在那裡。」

　　你猜房客如何回覆？如果你猜房客不願意，就猜對了，因為房客後來也就從此不提換地毯的事了，也就是說他不願意 Skin in the Game。如果是免費換地毯，反正不換白不換，又不是房客出錢；但是如果他要付一部分的錢，雖然只是 1/3 的費用，他又是使用者，而且其實不管換不換地毯，房東每年都還是會小加一點房租，很可能是 50 美元，房客還是不願意付。這表示這件事對房客根本不重要，也還好我提了這個建議，才測出房客真正的想法，沒浪費我朋友的錢，因為不換我朋友省錢最高興。

　　另外要知道免費的不值錢。免費的大家都想要，反正不要白不要（像每次看到發免費東西，有人大排長龍，花幾個小時只為了拿價值不到百元的贈品，就覺得真是浪費時

間）。例如，如果有報紙或雜誌來邀稿，像是要我寫專欄，我一定會要求稿費。錢多少其實不是重點，我的稿費通常也都會捐出（而且稿費跟我以前投資銀行的薪水差幾十倍以上），但是這也是 Skin in the Game 的一種，讓我知道這個媒體對這件事情的重視程度。因為如果他們覺得我有價值，就一定會付稿費，但如果他們覺得誰寫都一樣，可能就不會付費。這有一點像我常接到演講的邀請，每次打電話來都講得很好聽，先誇獎我一番，說如何尊敬我，久仰很久等等，但談細節時，發現演講費連我的交通費都不夠，有的還要我自費參加（當然如果是做公益就例外，但這個例子是發生在台灣的一家上市公司），讓我發現他們沒有 Skin in the Game，反正你不來（或不寫）也就算了。其實他們可能也許覺得這件事真的有那麼一點小重要，但沒有重要到值得付錢，被我發現他們真正的想法。所以在這麼多年商場打滾的經驗，我發現除了聽其言，一定還要觀其行，講空話誰都會，拿錢會痛就不一定了。這也是每次看台灣選舉，剛開始一大堆人都吵著要出來選，一直等到要交保證金後，才知道誰真的願意 Skin in the Game 了，誰又只是趁這個機會來打知名度，捨不得交保證金。

這跟我在芝加哥大學 MBA 學到的重要理論：Incentive

（激勵）和 Agency Cost（代理成本）有點相似。例如，政府的公務員就沒有切膚之痛，反正是鐵飯碗，只要上班不犯錯就沒事，政府賺不賺錢或有沒有效率不重要，組織不是他的，政府也不會倒，沒有激勵，也沒有 Skin in the Game，我絕對不是講公務員壞話，因為這不是他們的錯，是制度問題，也是人性，所以才會有「一個和尚挑水喝也，兩個和尚抬水喝，三個和尚沒水喝」的說法。英文也有一句話 "What's in it for me?" 也就是做這件事情對我有什麼好處，確實有異曲同工之妙。像我們外資，如果要自己出來開投資基金公司或是私募基金，外部的投資者一定要確定我們基金經理自己也有投資，而且是愈多愈好。因為如果我們自己有 Skin in the Game，表示我們至少對自己有信心，認為會賺錢，要不然還有誰敢投資你？所以很多公司會把員工薪水的一部分變成公司股票或年終獎金，而且會鎖好幾年，就是要讓你知道，如果你好好上班，幫公司股票增值，你也會受益，跟年終獎金一樣，要公司賺錢你才有。你如果想亂跑、跳槽，或像今年長榮航空罷工，那很不好意思，你被鎖的公司股票不能帶走，公司不賺錢，你也沒有年終獎金，也無法加薪，因為你背叛了公司。

所以建議大家可以用 Skin in the Game 當成跟別人合作

的測試方法，看對方到底有多少誠意，或對這件事到底有多重視。也可以把大家的利益目標綁在一起，這樣合作下去，不管是做什麼事，都會更順利。了解人性再合作比較容易成功，因為一起做事的都是人。

在江湖上混了 30 年後，我的結論是，很多人講話聽聽就好，看他們做的事，比聽他們講的話重要、也準確太多，要這樣才可以看出對方真正的目的或決定。

FIRE 最終的目的是建立健康快樂、有目的的人生：
身心健康，才是真自由

FIRE is only a means to an end, which is health and

happiness, with a purposeful struggle

"Don't stop believing." - Journey

本書的第一部是教你如何賺錢，以及要存多少錢、如何理財，才能達到 FIRE、財務自由，提早退休。第二部則是教你如何提高工作效率，做最好的自己，讓自己更有價值、更快累積更多財富、更早退休。

最後的第三部則是，告訴你當你錢已經存夠，達到目標，可以退休後，又該如何過生活？前面提過，郭台銘曾經講過，他的人生規劃大概分 3 個階段，25 歲到 45 歲（第一個 20 年）是為了金錢而工作；45 歲到 65 歲（第二個 20 年）是為了興趣而工作；65 歲以後（第三個 20 年）則是希望能為理想而工作，所以若是你已經達到財務自由，就可以考慮興趣和理想了。

有人喜歡探險或旅行，有人喜歡從政，有人喜歡賺錢，有人喜歡多些時間跟家人小孩相處，不管是興趣、理想，還是其他的目的，仔細想想，每個人的最終目的，不外乎就是要快樂嗎？就像我的八字座右銘：「應為當為，超然自得」，達到財務自由，做自己想做的事，無非都是想讓自己更快樂一點。

此外還有健康。因為如果你失去了健康，什麼事情也做不了，就像有人說，不管你的財產有多少個零，如果沒有前面那個一，後面的零都是沒有意義的。年輕時，聽到別人暢

談健康總覺得無聊、枯燥，認為是理所當然的事。但是，年輕時拿健康去換取薪水，有一天等你的健康下降，才會覺得養生的重要。

　　因此，當有錢、有閒了，就更應該想想你這一生到底是要追求什麼，而我可以講，不管你做什麼，最終的目的就是為了健康和快樂，所以最後讓我們來好好研究如何活得健康和快樂。

第 10 章

再多的錢也不能帶來快樂，
但有意義的生活可以

心存感謝，就會看見美好世界

Money can not bring happiness, but a purposeful struggle can

♪ "Can't buy me love." - The Beatles ♪

1. 你活著的目的不是為了工作：
健康和快樂最重要

　　美國好幾位退休專家做過一項調查，發現快樂並非和金錢成正比，也就是說，不是你賺的錢愈多就愈快樂。你應該在媒體上也看到過，很多有錢人其實過的並不快樂，天天吵來吵去，或是為了爭遺產告來告去，有些人甚至做出吸毒、犯法的事。

　　你有沒有想過，你天天辛苦上班賺錢，是為了什麼？錢不是萬能，但是沒錢卻萬萬不能。美國好幾項研究機構都做過調查，發現家裡沒錢，的確會造成很多壓力，帶來負面情緒。錢剛開始多賺些確實會帶來快樂，但也不是愈多愈好，基本上，因財富增加帶來更多快樂大約在年薪 7 到 8 萬美元左右就差不多停下來了，如果把稅金和存錢扣掉，每年的退休預算差不多 5 到 6 萬美元就可以過的很快樂了（這是對美國家庭的研究，所以台灣的年薪需求應該會低一些）。也就是說，如果你的年薪一直加到 10 萬或 20 萬美元以上，你的快樂程度也不會增加多少。為什麼呢？因為錢到了一個程度，你該有的也有了，不需要怕帳單付不出，也不怕沒錢吃飯、看醫生、居住，也就沒有迫切需要更多的錢。大錢可能

可以給你短期的快樂，像買一部跑車或住個大房子，但是幾個月後習慣了，這些事也不會帶給你特別的快樂，快樂又會回到原點。畢竟再怎麼有錢，你一天也只能吃 3 餐，和牛、鮑魚天天吃也會膩，而且為了健康搞不好你還不敢吃太多、太好，只敢吃地瓜、糙米飯。記得賈伯斯賺大錢後說過：「富有並不能帶給你快樂，只能讓你過的比較舒服。」可能旅行可以坐頭等艙，位子大一點，但跟快樂其實沒什麼直接關係。我聽過一個故事，說一位紐約的銀行家去一個小島渡假，跟沙灘上當地的原住民聊天。銀行家對原住民說：「我每天辛苦上班，每週工作超過一百小時，就是希望有一天我可以住在小島，天天可以在海灘玩水游泳，累了就上岸休息睡覺，渴了就去島上摘椰子，喝個新鮮的椰子水，或是出海釣魚。」原住民聽了回答他說：「我雖然沒你那麼有錢，也沒有在銀行上過班，但是我現在已經天天在過這個生活了，而且應該比你快樂，因為不用每週上班一百個小時。」

　　賺錢當然重要，存到足夠的錢可以讓你提早退休，更重要的是，再賺下去只是個數字，而且搞不好只是增加遺產，結果是幫兒女打工。所以，當你錢存到已經夠花，可以豐衣足食，該有的都有了之後，追求快樂應該就是你的終極目標了，不是再賺更多錢。財務自由最大的目的就是讓你自由，

不被工作或任何事情綁住，要做什麼就做什麼，一切由你決定，高興就好。有人退休後希望天天躺在海灘看海，喝有小雨傘的飲料，但是我保證，你試了幾個月後就會覺得很煩，尤其你大部分的朋友應該都忙著上班，沒空陪你吃吃喝喝、去旅行。

所以你退休後，不是在家或海灘天天晃來晃去，而是去追求快樂（也許你真的喜歡在海灘上混，那也可以，你高興就好），看看做什麼事情可以為你帶來快樂。美國有另外一個研究發現，大部分的人都是一輩子一直工作到 65 到 70 歲退休，但是這些人一旦退休後，可能幾年內就掛了。當然這有很多可能的原因，一個可能是天天忙了一輩子，身體突然慢下來後變得不習慣（像我之前每次全球出差 2 星期後，回家就會大病一場，因為身體突然放鬆太多），也可能是這麼多年辛苦上班是用健康換來的，平時工作太忙，沒空運動養生。你一定也聽過很多自己直接或間接認識的長輩或朋友，有一些人退休後不久就往生了。所以，本書中提倡的退休是財務獨立，可以做自己想做、讓自己快樂的事，但絕對不是什麼都不做，因為這樣對健康並不是好事。

2. 做可以讓你快樂的事：
找下一個有意義的挑戰目標

　　人的終極目標是快樂，所以重點在於你若財務自由，有錢有閒了，要找到什麼事情，才可以讓你快樂。也許你之前每星期被公司占據了 40 到 60 個小時，回到家累的要命，什麼都不想做，沒選擇，也沒機會好好想想，那退休後是你可以計劃的時候了。

　　研究發現，讓自己快樂的方法，很重要的是找一些喜歡的事情去做，讓自己忙一些。每一個人至少要有 2 到 3 個核心目標去追求，像興趣，不但可以讓自己花時間做有意義的事情，更重要的是讓自己有小小的成就感，不光只是打發時間。又例如，如果你喜歡運動，像打高爾夫球或羽毛球，或者你喜歡當志工，像我的 MBA 同學 John（跟我同年，但是比我還早退休 10 年），不但喜歡博物館，還去上課學習，成為故宮的志工。像我喜歡美食，也喜歡自己下廚、聽音樂、去旅行、理財、演講、運動、寫專欄，也包括寫現在這本書，或者找時間再去進修西洋棋或拉小提琴（以前我還滿厲害，但是上班太忙，好久沒拉了）。所以我現在退休後，比上班還忙，卻開心許多，就是因為我現在就是「應為當

為，超然自得」，天天做自己喜歡的事，不必看老闆臉色，想說 No，就說 No，做什麼事情都不用勉強自己，「爽」就好（也就是 FU 錢的最高境界）。也還好我現在財務獨立，時間很有彈性，像現在兒子念大學，需要有人飛去學校幫他搬家，或是今年他在外州找到暑期工作，需要有人每天開車帶他上下班，我都能幫上忙。我也常跟兒子講，還好你老爸退休得早，要不然誰可以臨時離開 3 個月住到一個新城市，因為很少有工作可以讓員工隨時到處亂跑，不用進公司。也還好我的存款還足夠，也有房子空在那裡，不然 3 個月都住在飯店費用也很可觀。今年 7 月，我的台南寶仁小學同學盤院長全家第一次到美國賭城，提早退休也讓我有空可以當導遊，很榮幸的盡了地主之誼。

仔細想想，我們不管做什麼事，最終的目的就是要自己快樂，對得起自己。像郭台銘當初創業，一定也是覺得賺錢或開公司雖然辛苦，還是可以讓自己快樂。除了要找一個有意義的目標外，如果像法蘭可（Viktor Frankl）的《活出意義來》（*Man's Search for Meaning*）或蘭德（Ayn Rand）的《源泉》（*The Fountainhead*）這兩本書裡講的，人生的目的不是光有目標，若有挑戰性的目標，就會更好。像郭台銘今年選總統一樣，就是很有挑戰性的目標，雖然非常辛苦。不

管是為了台灣，還是使命感，甚至是為了權力，我不知道，但一定也都是為了讓自己更加快樂。像有人喜歡美食、旅行、住大房子、開跑車、做公益、結婚、生小孩，或著不結婚、不生小孩、住山上或城市、海邊等等，如果你問他們為什麼，他們可能會先給你很多理由，像是為了小孩、家庭、責任感、健康、事業或金錢等理由，但是如果一直追問這些理由會帶給他們什麼，相信一直問下去的結果，最後的答案一定是做這件事情可以讓他們快樂。

3. 只要時常心存感謝，就可以無憂無慮的享受快樂

要讓自己快樂有很多方法，像前面講的，在物質上，買貴的東西可能會帶來一時的快樂，卻無法持久。當然如果你有足夠的資金退休，就會少一些金錢問題，對減輕煩惱會有幫助，但還是會有其他問題。例如，金錢剛開始的確會增加快樂，讓你不愁吃穿，但是到達一個程度後，該有的都有了之後，那時再多的錢也不會繼續增加快樂。錢當然很重要，所以這本書的前兩部先教你如何賺錢、存錢、投資，讓錢不成為你的後顧之憂，在第三部，才討論錢夠了之後，要如何

讓自己快樂。

所以錢夠了以後，你就應該開始尋找快樂，有人會去找人生的意義或目的，但那也是為了快樂。像培養興趣、參加社團、做自己喜歡的事。人是社群的動物，所以也要有一些人際的互動，你可以考慮去當義工，把自己的時間和經驗分享給下一代。我最近看了一本人際關係的書，提到了每個人都不一樣，尤其有了像臉書或 LINE 的社交平台後，發現這世界上奇怪的人還真的不少。我建議只要在乎跟自己合得來的人就好，多花時間與他們相處。因為你已經不在職場，財務自由之後，已經不用求人，所以沒有必要浪費時間在不喜歡的人身上，不用特別討好任何人，也不用生無謂的氣，與喜歡的人相處就好。好朋友不用多，如果能形成一個志同道合的小群組，讓擁有醫療、會計、財務、投資、美食、導遊、保險、法律等不同專業的人，可以彼此多分享想法和意見，遇到問題也可以跟群組裡的專家交換意見，都是很好的事。

退休後你可以自己住在家裡，跟家人多互動，年紀大時，也可以考慮住到養生村，除了有專人照顧之外，也可以讓自己跟人有互動的機會。像每次我在電視上看到沈富雄評論政治，有時也覺得他快人快語（他妹妹好像還是我母親以

前在台南的同事，小時候還帶我去玩），但很羨慕和佩服他的退休生活，已經 80 歲的他，至今還是那麼活耀，想講什麼就講什麼，想寫什麼就寫什麼，每天早上運動，天天過著自己喜歡的生活。此外，趙少康中廣節目的片頭音樂，也說他自己過的是吃喝玩樂罵的快意人生，我猜他一定也早就財務自由了，現在每天也是做自己想做的事，包括廣播電視節目、談論美食、寫書、採訪各界專家達人、出國旅行，甚至成為總統候選人請益的對象，人生真是快意、瀟灑、愉快。

前面曾提到坦伯頓基金的創始人坦伯頓，白手起家成為億萬富翁後，有人問他人生快樂的祕密，他回答說，他一生閱歷無數，發現最重要的就是 Gratitude，也就是心存感謝。其實不管你有多不開心，有多少壓力，受了多少委屈，只要想到可以感謝的人事物，就可以馬上改變心情，快樂起來。如果你討厭自己的鞋子，覺得又舊又難看，但是當你看到少了一隻腳、連鞋都沒機會穿的人，就會感謝自己有雙腳，心情也就豁然開朗了。所以如果你在追求快樂的過程中，心中常存感謝，可以保證你會過得更快樂，生活更有滿足感，沒有無謂的壓力，而這不就是我們要的嗎？

第 11 章

沒有健康和體力，就沒有一切

不但要活得久，還要活得好

Health and energy: Without them, nothing else works

♪ "What a wonderful world." - Louis Armstrong ♪

1. 健康和體力是一切的根本：
司馬懿最後贏得勝利是因為活得夠久

　　最近我在看「軍師聯盟」這部電視劇，最大的感想是還好司馬懿跟華佗學到了五禽戲，幫助他活得夠久，只要不被砍頭，就可以一直等到對他有威脅的大老闆一個一個掛掉，最後就有機會把小老闆幹掉，因為只要活著，就有機會。司馬懿活了 73 歲，比諸葛亮整整多活了 20 年（周瑜活到 35 歲，曹操活到 65 歲），他的弟弟司馬孚竟然還活到 93 歲，在古代非常難得。如果諸葛亮可以多活 10 年，三國的歷史可能又不一樣了。

　　有錢有閒後追求快樂當然最重要，然而沒有健康，就沒有快樂，所以本書最後一章就要談談健康，所謂的長壽（Longevity），不但要活得久，而且還要活得好，有好的生活品質，才會快樂。

　　我在年輕時，每次聽到健康這兩個字就覺得枯燥無味，寧願去想一些比較精采刺激的事，像做大事、賺大錢（在這裡再欽佩國父一次，因為他是不賺大錢而是去做大事，我是有了點小錢，有安全感，才敢去做一些事，而且也不敢說是什麼大事）、環遊世界、升官發財、當排名第一的分析師等

等。這些當然如同前面講的，人各有志，你想做什麼都可以，高興就好，因為一切都是為了快樂。可是，如果沒有健康，這些東西都是虛的。很多人在年輕時可能沒意識到健康的重要性，拿健康去換工作和金錢，等到年紀大了之後，只好拿錢去換健康。像在投資銀行裡上班，雖然薪水高些，但是每個人都是在高壓的情況下超時工作，不但很多人健康不佳，有三高和痛風的人也一大堆，而且我自己認識的人，包括我的前老闆和同事，很多都在 30 歲到 40 歲時就去世了，主要原因多半是因為壓力，真的很令人惋惜。

我看過一項研究，發現有錢人活得比較久，有很大的原因是因為他們的資源多（包括賈伯斯，雖然他英年早逝，但他的錢財還是讓他獲得最好的醫藥資源，多活了好幾年）。這也是本書裡我一直強調的，你要多賺錢，而不是多省錢，省錢當然重要，但是錢多可以給你更多的資源，活得久不是最重要的，活得好、有生活品質才更重要，愈年輕開始運動養生當然愈好。當然你也可以一邊上班，一邊養生，但是不上班空閒的時間比較多，養生會容易的多。

拿我自己來說，之前上班都是工作第一，沒時間想健康養生的事，餓了就隨便亂吃東西，大部分都是快餐便當，有時為了節省時間，三餐基本上都是吃公司樓下的快餐便當，

最後連香港大家樂快餐店的店員都認識我了，甚至我換工作5年後路過時，他還記得叫我楊先生，真不知道該哭，還是該笑。因為太忙沒有計畫，餓了就隨便亂吃，當然不會健康。我退休後很多人都說我瘦了一點（當然還需要繼續努力），很大的原因就是我現在時間多，可以以健康為第一，以前是工作第一，每天總先排幾點開會，而現在則是排幾點吃健康的食物、做什麼健康的菜，有系統的執行健康計劃，就不會亂吃東西（像我以前最喜歡吃泡麵，因為簡單快速）。現在有健康計劃，我會早上先去超市買青菜水果，午餐前打個蔬菜汁或煮鍋蔬菜湯，這是以前沒時間不可能做到的，加上公司裡也沒有廚房可以放果汁機，讓我天天打蔬菜汁，在外出差就更不可能了，有吃就不錯了，哪裡還會想到吃健康食物。以前加班、開會、拜訪客戶都是餓了有東西吃就不錯，不可能有心思和時間管健不健康、吃了多少卡路里、有沒有蔬菜，纖維夠不夠，只能亂吃，當然吃到的也一定不是什麼健康的好東西。

　　退休後讓我可以自由安排時間，不會被老闆或客戶決定。除了可以安排時間去買菜、自己在家煮飯外（在家做飯不但省錢，而且一定比外食健康），還有時間去運動，現在我每天早上起床後，不是急著趕去上班、看 Email，而是先

做 30 分鐘的平甩功。加入健身中心後,我每週下午還會去運動 3 到 4 次,要游泳、舉重、跑步、做瑜伽,或上不同課程都可以,甚至也買了跑步機,在家有空就用,可以一邊走,一邊打電話或看電視,獲取最新資訊,一舉兩得。退休後可以把做事的前後次序改變,讓自己更健康一些,還有機會每天睡個午覺。這在以前上班時完全不可能,很難常吃健康食物,加上常要應酬,公司請客都是帶客戶去吃最高檔的料理(通常最好吃的都是最不健康的),甚至有時會因為辛苦了一天,把晚餐當做對自己的獎勵,而酒的熱量又高,難怪投資銀行業的人健康好的沒幾個。

　　大家最近應該都聽過防彈咖啡,創始人是戴夫‧亞斯普雷(Dave Asprey)。這個東西其實在美國多年前就已經很多人在喝了,台灣是現在才開始流行。戴夫‧亞斯普雷是科技業出身,錢賺夠了之後,就開始當生物駭客(Biohacking),電腦是他的專業,改當生物駭客後,他想用一些小技巧,把身體調整得更有效率、活得更久、更健康。在「藥命效應」(Limitless)這部電影裡〔由兩大巨星布萊德利‧庫柏(Bradley Cooper)和勞勃‧狄尼洛(Robert De Niro)主演,後來還被拍成電視連續劇〕講的聰明藥,就是先被戴夫‧亞斯普雷找到,他自己還試了一段時間。其實防彈咖啡的理論

就是類似現在流行的斷食療法，只是又分好幾種。我第一次接觸斷食療法是在飛機上看到一部 2012 年的紀錄片——「Eat, Fast, and Live Longer」，因為是 BBC 拍的，所以覺得有些公信力。節目的主持人麥克・莫斯里（Michael Mosley）是位醫學記者，也是位醫生，記錄他去全球找不同的人取經，看看如何才可以活得更久、更年輕。他研究後發現，斷食是最有效的方法，而過去長期推行的每天吃三餐其實是錯的。他拿自己當白老鼠了一段時間，發現真的有效，後來也出了一本叫《5：2 節食法》的書，指出每週 7 天中，5 天吃飯習慣不變，剩下的 2 天只吃平常 1/4 的卡路里（男生約 600 大卡，女生約 500 大卡）。後來也有很多人推行了不同的斷食法，有人說只喝水，有人說只喝蔬菜汁，有人說一星期只吃 7 餐，有人一天只在 6 到 8 小時內吃 1 到 2 餐，總之都發現少吃不但對身體好，如果可以斷食一段時間，對身體更好。日本的細胞生物學家大隅良典經研究也發現，斷食有益身體健康，還因此得到了諾貝爾醫學獎，而日本的南雲吉則醫生也寫了幾本書，身體力行斷食，發現自己不僅更健康，也變年輕了。

　　大家都知道減肥就是少吃多運動，理論不難，但是最大的問題就是無法持久，短期可以靠意志力，長期就不容易維

持，很可能節食幾個星期就恢復原狀，更慘的是減下的體重又回復的更多。所以，重點是要改變生活方式，找一個可以長久保持的生活習慣，而麥克・莫斯里這個方法的好處是，你每星期只要辛苦兩天，假設你是選星期一和星期四，你星期二、三、五和週末還是可以跟以前一樣享受食物，吃同樣的東西。星期一和星期四可能辛苦一點，但這兩天還是可以稍為吃一點，不用完全斷食，因為你知道明天就可以恢復平常的飲食，這樣可以給你持之以恆的動力，如果你每天都吃很少，就比較難一直堅持下去，好像痛苦看不到盡頭。

另一個很有效的方法是，你每天還是可以吃飯，但中間16到18個小時不吃（就是在6到8個小時內才進食），這段時間讓身體進行斷食，可以讓身體修補自己。最好是晚餐不吃（像很多廟裡的大師就是過午不食），很多人都知道，只是知易行難，像我就沒辦法。次好的方法就是不吃早餐（其實後來研究發現早餐不吃也沒事，不像我們從小被教導早餐是每天最重要的一餐，健康的資訊會因為知識的進步一直在改變），所以我盡量每天早上11點到下午5點（或7點）才吃東西，在這6到8小時中就吃2餐，希望可以慢慢減肥。因為斷食的意義是讓身體沒有卡路里，所以還是可以隨時吃零卡路里的東西，像喝白開水和黑咖啡，甚至吃些代糖都可

以（當然如果能不吃最好）。面前提到的防彈咖啡就是應用這個理論，因為戴夫·亞斯普雷發現，如果將特製咖啡加上MCT椰子油和牛油（要用吃草的牛做的牛油），在果汁機裡打成咖啡喝，這樣可以避免斷食飢餓的感覺，還可以騙過身體，因為防彈咖啡可以讓身體以為沒有卡路里（原理請去參考他寫的書），當一個生物駭客。我還特別去朝聖他在加州開的全球唯一一家咖啡店，品嘗他們的咖啡，確保我在家自己做的沒錯。事實上，牛油用果汁機打出來的咖啡跟普通咖啡加牛奶的拿鐵很像，還滿好喝的。我也用了一些生物駭客的理論來騙自己，例如，我會早上不吃早餐，一直讓自己空肚子，等到早上 11 點左右開始餓了再吃，因為餓了什麼都好吃，就騙自己喝蔬菜汁或蔬菜湯（因為我喜歡吃熱的東西，不太愛吃生菜沙拉和冷的三明治）。我這幾年開始注意我喜歡吃的東西（像熱餐），以生物駭客的精神用比較健康的食物來騙自己少吃。另一個例子是我喜歡喝可樂，很難改掉這個壞習慣，以前是喝代糖的可樂，後來發現這也不健康，不過我發現我其實不是喜歡可樂，而是喜歡喝冰的氣泡水，於是就用零卡路里的檸檬氣泡水或 Perrier 代替，讓我因此健康很多，也容易戒除（有一點像戒菸就嚼口香糖代替一樣）。

總之，我現在做的不一定百分之百有效，也不是唯一的方法，但重點在於，因為我現在提早退休，有自己的時間可以開始計劃如何讓自己更健康，不斷試驗，找到對自己健康最好而可以持久的方法。健康是我現在的第一優先，不再像以前上班時，永遠以公司、老闆或客戶為主，所以退休後的我身體一定比退休前健康，並且也跟戴夫・亞斯普雷一樣，不斷尋找、改進可以活得更久、更健康的方法。

2. 健康就是要吃好、多動和睡飽

　　前面提到，財務自由、提早退休的好處是可以安排自己的時間，不必被公司、老闆和客戶決定。對我來講，現在是生活、快樂第一，當然一定要有健康的身體。不知道大家是否跟我一樣，嘗試過不同的減肥方法，我看了很多書和資料，發現理論其實不難，少吃不健康的食物，多吃新鮮蔬菜水果，天天運動或至少每週運動 3 到 4 次，但我也發現，剛開始都沒問題，最難的是光靠意志力維持下去。你可能聽過有人開玩笑說他這一生已經減肥了幾十公斤，因為先減肥幾公斤，幾個月後亂吃東西又恢復原狀，而且恢復的比減肥前更重，這樣來回好幾次全部加起來就有幾十公斤。

我當然不敢說自己是健康或減肥專家，但是因為這幾年研究了一段時間，最後發現湯姆‧雷斯（Tom Rath）寫的《吃喝、移動與睡眠》（*Eat Move Sleep*）很實用。因為這些不但是他自己的經驗，而且容易持久。一個人如果要健康，就只要搞定吃、動和睡眠，書裡建議了很多小習慣，因為如果要大改習慣，短期容易，長期很難持久，健康基本上就是要改進你的長期生活習慣，而減肥如果一下減太多、太快，不但不容易，對身體也不好。以下是我從這本書和各類健康書得到的一些結論，提供給大家參考：

1、少吃很重要：找一個自己可以持久的斷食法，像前面討論過的，最好是每天只在 6 到 8 小時內進食，三餐中只吃兩餐，5/2 斷食法也很有效，可以搭配一起使用。

2、用駭客的方法吃蔬菜：我有一個不好的習慣，就是很挑食，不喜歡吃蔬菜水果，當然可以強迫自己吃，可是我知道這很難長久維持。後來我看了一部電影描述蔬果汁的好處，於是就買了一台榨汁機，但問題是這只能讓我喝到汁，纖維卻全部扔掉了。後來繼續研究看了許多書，發現買馬力大的果汁機可以把蔬果纖維打的很細，全部一起喝下去，這樣更健康，不僅不用丟掉纖維，還可以放入健康的東西，像薑黃、奇亞籽（Chia Seed）、椰子油等等，每天當藥喝下去

（可以等到餓的時候喝，因為餓了以後什麼都好吃），喝了就不餓了，成為健康的午餐。

3、用駭客的方法找相對健康的替代物：另外就是，我喜歡吃泡麵，後來發現，我其實不是喜歡吃泡麵，而是喜歡喝熱湯，只是如果臨時要吃，沒空煮飯，泡麵最快。所以我也沒辦法上班時自己帶冷的沙拉、三明治當午餐，只好天天吃便當快餐。但是現在不用上班了，可以在家裡自己做蔬菜番茄湯，又健康、又便宜，但是要事先計劃、準備好食材，若是臨時沒東西煮，就又只好吃泡麵。

4、用駭客的方法騙自己運動：想要身體健康，不一定要天天跑健身房，因為如果太麻煩或太難，就不能持久，也沒用。我建議每天早上起床後先運動（像平甩功或跑步機），別讓自己想太多，想了以後就會想出一大堆不運動的理由，因為一天開始後，很容易被干擾，很多時候一忙或電話一接就跳過運動了。我通常下午會找機會去健身房游泳或舉重，每週 3 次，如果真的不幸被干擾也還好，因為一早已經運動過了。運動的種類你可以自己選，只要能動就好，重點是要你喜歡而可以持續長久的。因為我們每天坐的時間太久了，不管是看電視，還是打電腦或吃飯。如果你可以培養一項興趣，像打羽毛球、網球、籃球、高爾夫球、乒乓球、

爬山等，不但可以運動、健身，也可以做到前面說的退休後需要讓自己快樂的興趣，若有朋友強迫你一起去運動，也是一舉兩得的好方法。

5、用駭客的方法讓自己多動一下：像前面說的防彈咖啡，可以藉由喝咖啡讓自己不餓，還可以持續斷食。如果想走路運動，可以找朋友一起（因為有人會提醒你）去逛街（像我喜歡逛書店，可以走來走去，還可能可以找到一些好書，但記得不要亂花錢、亂買東西），或者聽音樂、有聲書（像 Podcast，可以學知識或聽最新的新聞），又或是站著看電視、打電腦、打電話（我就買了站立書桌），用不同的科技幫助你健身，不要每天一直坐在那裡不動。像我喜歡在跑步機上快走，因為可以同時看電視或電影，不但可以吸收最新的訊息，時間還會過的特別快，有時在意猶未盡的情況下就已經完成 30 分鐘的快走了。

3. 醫療保險和長照險很重要：
預防重於治療，別讓一場病傾家蕩產

人總會老，不管你能多健康、活多久，還是要計劃一下，不但可以讓自己安養老年，最重要的是不會拖累家人兒

女，這也是讓我要存夠錢一個很大的動力，不要讓自己當窮苦可憐的老人。聽說澳門的賭場富豪何鴻燊已經把香港最好的醫院頂樓全層包下來了，如果有狀況可以隨時入住，雖然不知道這個新聞的真實度，但我知道大部分的富人都有類似的安排。

台灣雖然有健保，但不管你住哪裡，都要清楚生病可以有哪些醫療選項，盡早計劃，像是買醫療保險，或是存一筆錢放著（所謂的自保金）。這幾年有幸請教了很多專家，像台灣的友人黃大師和馮先生，所以我買了充足的醫療保險，讓自己需要時，可以有最好的資源，包括住好一點的病房或吃好一點的藥等等，這些都必須事先計劃，等生病再想就來不及了，千萬不要讓一場大病把你一生辛辛苦苦存的錢一次花完。

每年定期健康檢查當然很重要，如果你的錢夠多（所以賺錢真的很重要），除了可以自費去頂級的健康檢查中心，用最新的儀器和最進步的醫療知識（不是基本的驗血和 X 光，而是其他像無痛大腸鏡、胃鏡、超音波、Low-Dose CT Scan、MRI 等高端的檢查），還可以考慮預防醫學，讓你生病前先調養身體，例如檢查荷爾蒙、檢測身體基因或是食物過敏等，讓身體內部保持最好的狀況，像台灣聯安健診的曾

副總就指導了我很多寶貴的知識。

此外，也應該考慮 Long Term Care Insurance，也就是長照險。最早我是從母親那裡聽到，如果萬一自己行動不便，不能自理每天的日常生活，這個保險就可以支付聘僱看護的費用，甚至可以讓你繼續住在家裡，不用搬去療養院。跟健康保險一樣，如果你可以自己存一筆錢做為自保金也可以，因為萬一每天都需要看護，就有足夠的資源，而不是把這個責任強加給家人子女。萬一你的家人沒有能力照顧你，不就很慘？所以一定要事先計劃，能靠自己最好。

下一個要考慮的是 Durable Power of Attorney，也就是法律授權書，就是萬一你沒去世，但是無法做一些法律決定（像中風、昏迷或神智不清），把自己希望的事情先寫好（有一點像遺囑，但是遺囑是去世後，這是去世前），例如，急救不要插管，或是用你的存款支付醫藥費用等等，先計劃好可能發生的狀況。當然我不是專家，建議你可以找個律師好好規劃一下。

至於遺囑應該要去了解信託，規劃合法減少遺產稅，包括如何善用人壽保險。面前有提到，每個人都有不同的問題要考慮，我們的目的不是避免問題，而是要處理更好的問題，想辦法解決。像你沒錢時的問題是如何去賺錢，當你有

錢後就要考慮所得稅或遺產稅的問題了，你愈成功，需要解決的問題影響也愈大，但這是好事，也是財務自由、提早退休的好處，因為你上班時一定會先想到工作，唯有等你不上班、比較有時間後，才會想到這些重要、又不緊急的事，像是保險或遺囑，然後更進一步地去想信託和遺產稅。最後因為你有足夠的資源，還可以好好準備不時之需，例如萬一需要醫療資源和長照時，這樣就真的可以快樂的過一生了，也不會把麻煩帶給家人子女，甚至還可以留給他們一些遺產，讓他們的生活也可以過的跟你一樣好，這不是很美好嗎？

人生最後的目的是什麼？

你希望告別式上大家如何記得你？先寫好你的墓誌銘

Meaning of life: Leave a legacy for your family and friends

♪ *"It's my life." - Bon Jovi* ♪

讀完這本書後，大家可能會發現，人生或做任何事都得按部就班，一步一步來，有一才有二，當然希望能做的愈多愈好，但要先幫助自己，有能力後再幫助別人，也就是古書中提到的「修身、齊家、治國、平天下」。你要先把錢賺夠後，才有能力幫自己，進而幫家人、朋友、做公益。如果自己沒有能力，一切都是空話。

　　書裡我也提到了一個想法，就是做什麼事之前，要先想到最後結果，由後往前看。我的前一本書提到了搖椅測試，也就是你可以試想，當你有一天退休時，坐在院子裡的搖椅上，回想你一生做了什麼，還有哪些沒去做或嘗試，而你很後悔沒去做。如果會，你現在就應該去做，因為你還有機會。

　　我後來聽過更厲害的方法是 Ghost of Missing Potentials，也就是設想你在病床上，快要掛掉之前，來了一位天使，名字叫做你未用到的潛力。這個天使即代表你今生具有、但還未開發、實踐，或甚至沒有嘗試發展的天賦和才能潛力。也許是當一位有名的音樂家、成為醫生，發明救人的藥，救人一命，或是改變別人的一生。我很推薦一部 1946 年的老電影「生活多美好」（It's a Wonderful Life），美國每年聖誕節必播的一部影片，看了就會知道我的意思了。或者也可以看

1995年的「麥迪遜之橋」（The Bridges of Madison County），甚至是 2016 年才上映的「樂來越愛你」（La La Land），電影最後你都會看到一個人的決定，如果轉東或者轉西，都會造成完全不同的結果。你的生活你決定，可以過得很精采，也可以過得很平凡，甚至痛苦。如果在人生快掛了、躺在病床時，才發現自己有一些本來可以去做、但是不敢去做的天賦潛能，那不是很可惜嗎？

如果你真的對自己的一生很重視，甚至可以看看一些重要人物的告別式，聽聽大家講了些什麼，想想在你自己的告別式上，希望別人怎麼說你的一生？當然我不是說你要為別人而活，人當然要為自己而活，但是如果別人對你的看法跟你自己的要求一致，代表你想做的基本上已經做到了，因為你曾經存在，讓這個世界變的稍為好一點。像我寫書的目的，也是希望可以留下一點東西讓人參考。

在我受益最多的公司埃森哲，那時大家大學剛畢業，沒什麼錢，但是有一股熱情，常常互相勉勵 "Work hard, play hard, but work hard again." 前面兩句話常聽到，就是「努力工作，盡情玩樂」，但是第三句話卻不常聽人說到，就是「你玩完了後，還要繼續再去努力下去」，也就是賈伯斯說的 "Stay Hungry, Stay Foolish."。在這本書的最後，就用這句話

跟大家互勉，讓我們先財務自由，無後顧之憂後，再一直保持熱情，繼續去找下一個挑戰和目標，痛快地過你要的人生。

國家圖書館出版品預行編目（CIP）資料

財務自由的人生：跟著首席分析師楊應超學華爾
街的投資技巧和工作效率，40歲就過 FIRE 的優
質生活／楊應超著 . -- 第一版 . -- 臺北市：遠見天
下文化，2019.10
　　面；　公分 . --（財經企管；BCB678）

　ISBN 978-986-479-832-2（平裝）

1. 理財　2. 投資　3. 成功法

563　　　　　　　　　　　　　　　108016082

財經企管 BCB678

財務自由的人生：
跟著首席分析師楊應超學華爾街的投資技巧和工作效率，
40 歲就過 FIRE 的優質生活

作者 —— 楊應超

總編輯 —— 吳佩穎
責任編輯 —— 黃安妮
封面設計 —— 葉馥儀
內頁設計 —— 中原製版．黃齡儀
封面攝影 —— 陳之俊

出版者 —— 遠見天下文化出版股份有限公司
創辦人 —— 高希均、王力行
遠見・天下文化 事業群榮譽董事長 —— 高希均
遠見・天下文化 事業群董事長 —— 王力行
天下文化社長 —— 林天來
國際事務開發部兼版權中心總監 —— 潘欣
法律顧問 —— 理律法律事務所陳長文律師
著作權顧問 —— 魏啟翔律師
社址 —— 臺北市 104 松江路 93 巷 1 號
讀者服務專線 —— 02-2662-0012
傳真 —— 02-2662-0007；02-2662-0009
電子郵件信箱 —— cwpc@cwgv.com.tw
直接郵撥帳號 —— 1326703-6 號 遠見天下文化出版股份有限公司

電腦排版／製版廠 —— 中原造像股份有限公司
印刷廠 —— 中原造像股份有限公司
裝訂廠 —— 中原造像股份有限公司
登記證 —— 局版台業字第 2517 號
總經銷 —— 大和書報圖書股份有限公司 ｜ 電話／ 02-8990-2588
出版日期 —— 2019 年 10 月 25 日第一版第 1 次印行
　　　　　　2023 年 12 月 27 日第一版第 17 次印行

定價 —— NT 350 元
ISBN —— 978-986-479-832-2
書號 —— BCB678
天下文化官網 —— bookzone.cwgv.com.tw